타이피스트 시인선 010

모두가 예쁜 비치

오영미

타이피스트

시인의 말

아무 데도 가지 마, 곁에 있어
그리고 견뎌
이런 우리를 끝끝내 견디란 말이야

2025년 7월
오영미

차례

1부 이상적이고 관념적인 연인들

침착한 매시트포테이토	13
바몬드 카레는 의외로 바몬트주와는 관련이 없다	15
하지 않으면 나갈 수 없는 방	18
카렐 차펙 스트로베리 티	20
메데타시 메데타시	22
아무것도 모르는 위스키 봉봉	24
메리배드엔딩	26
그리고 내일의 연애	28
펑펑펑펑	30
2020 원더키디 이후의 사랑	32
사각사각	33
영혼을 위한 굴라쉬 수프	34
[playlist] 세일러복과 문학소녀	36

2부 너는 나 없으면 아무것도 못 쓰지?

39	고란노 스폰사노 테-쿄-데 오오쿠리시마스
41	몽블랑 마이스터스틱 145
44	블루라이트 요코하마
46	플래쉬 앤 본
49	절대로 죽을 수 없고 죽어서도 안 되는
52	관능 소설가로 성공하는 방법
54	변기에 이물질을 버리지 마십시오
57	흐르는 맥주처럼 쾰쾰쾰
60	젠틀한 질 드 레 씨의 바로크풍 최후
63	안녕히 계세요 여러분!
66	리추얼

3부 이런 이야기 하지 말까

그런데 내게는 딸이 있다	71
자두 정말 맛있다	73
라이크 어 프릭쇼	74
사바 소바	76
명랑 마법 소녀	78
괴산	80
어른의 소꿉놀이	82
놀러 와! 미미 이층집	85
21세기의 포크로어	88
한겨울의 수박	90
순간의 맛	92
빵과 햇살, 하이볼과 함께하기 좋은 날	94

4부 모두가 다 예쁜 B**ch

99	하늘에서 내리는 일억 개의 찌그러진 맥주 캔
101	알코올 홀릭 원더랜드
102	너는 나 없으면 아무것도 못 하지?
104	지구와 혜성이 충돌해서 우리를 제외하고 다 죽었어
106	죽고 싶으니까 떡볶이 먹자
108	#여름이었다
110	아내가 쏟아졌으면 좋겠다
112	육즙이 사방으로 터지는 낭독회
114	유통기한 지난 괴담
116	헬로키티 6공 다이어리
118	놀라울 만큼 아무도 관심을 주지 않았다

121	산문_이 이야기는 명백히 픽션이며, 등장하는 인물·사건 모두 가공된 것입니다

1부

이상적이고 관념적인 연인들

침착한 매시트포테이토

 "나 말이야, 불순물이라곤 터럭 한 올도 섞이지 않은 하늘을 향해서 두 손을 쭉 뻗고 싶어! 탈골된 어깨뼈가 영영 회복되지 못할 정도로 말이야! 크리스틴, 내 말 알아듣겠어?"

 레아는 부러진 이를 박하사탕처럼 뱉으며 쉴 새 없이 말했다. 크리스틴은 골목을 뒤덮은 어둠처럼 침묵한 채 고개만 끄덕였다.

 "두 손 가득 새파란 하늘이 잡히는 순간, 마님의 물결치는 실크 드레스를 찢었던 일주일 전의 오후처럼 비명을 지르며 하늘을 찢을 테야! 반투명한 회색 피가 흐를 때까지!"
 "다시는 파랗게, 파랗게 빛날 수 없을 때까지, 너무나도 끔찍한 나머지 세상 모든 인간들이 날뛰며 서로의 눈깔을 후벼 팔 때까지 하늘을 망가뜨리고 또 망가뜨릴 거야! 크리스틴, 내 말 이해하겠어?"

 덜렁거리는 코뼈를 건드리며 레아는 숨도 쉬지 않고 말했다. 크리스틴은 마님의 손아귀에서 갈기갈기 찢어진 레아의 문장을, 마님의 구둣발에 짓밟혀 형편없이 얼룩진 레아의 문장을 기우며 고개를 끄덕였다.

"배고프지? 뜨겁게 삶은 감자를 오랫동안 씹은 뒤 언니의 입으로 넘겨줄게. 아주 곱고 아주 부드럽게 으깨 줄 테니까 잠시만 기다려 줘."

이윽고 크리스틴이 말했다, 예정된 죽음을 향해 숲으로 걸어가는 코끼리의 주름처럼 웃으면서. 그러자 등가죽과 뱃가죽이 달라붙은 레아가 내는 소리라곤 믿을 수 없을 만큼

거대한 허기가 온 사방으로 꼬르륵, 꼬르르르르르륵

바몬드 카레는 의외로 바몬트주와는 관련이 없다

 잠시 외출했다 돌아왔을 뿐인데, 그 어디에도 아녜스 소렐은 보이지 않았다. 바몬드 카레니 바몬트주니, 완전히 실패한 나폴리탄 괴담 같은 문장만 남겨 둔 채, 아녜스 소렐은 완전히 증발하고 만 것이다.

 예고도 없이 불쑥 쳐들어와서는, 썩 유쾌하지 않은 음식 냄새와 자신의 연애담으로 우리 집을 빼곡히 채워 나가는 아녜스 소렐을 노려보며 나는 소주 한 병을 땄다. 그녀는 가지런하게 썬 양파를 '넌 여자를 좋아해서 참 좋겠다, 여자는 남자처럼 폭력적이지 않고 언제나 좋은 냄새를 풍기잖아' 악의가 없어 오히려 사랑스러웠다는 첫사랑의 목소리와 함께 달달 볶기 시작했다. 그 와중에도 봄바람처럼 산들산들 웃는 아녜스 소렐이 얄미워 한 소리 하려 했지만 '언니는 내 인생의 전부야' 울며불며 아녜스 소렐을 구타한 지 정확히 사흘 만에 모바일 청첩장을 보낸 대학 후배의 눈웃음을 고형 카레와 함께 잘게 쪼개는 그녀가 조금은 섬뜩해 입을 다물었다.

 "그동안 마셔 온 가짜는 쓰레기통에 버리고 이참에 진짜를 만나자." 취중을 가장한 고백을 지껄이며 나는 마지막

소주를 입안에 털어 넣었고 아네스 소렐은 일렁이는 물결처럼 잔잔하게 웃더니 무럭무럭 김이 나는 카레라이스를 내 앞에 놓아 주었다. 나는 땀인지 눈물인지 모를 짭짤한 것을 흘리며 카레라이스를 두 그릇이나 먹어 치웠고, 설거지를 하는 아네스 소렐 몰래 지갑을 챙겨 밖으로 나왔던 것인데

"그래서 뭐 어쩌라고?" 냄비 한가득 담겨 있는 카레 위에 달콤하고 우아한 향이 나는 포트와인과 걸쭉하고 진한 생막걸리와 이거야말로 진짜 소주라며 사장님이 추천해 준 40도짜리 소주를 부으며 꽥꽥 소리 질렀지만 어쩌긴 뭘 어째, 마냥 웃기만 할 줄 알던 그 예쁜 입술을 엉망진창으로 짓이겨 버렸어야지, 영영 웃을 수 없을 정도로 처절히 망가뜨렸어야지 이 바보멍청아, 해삼말미잘도 비웃을 만큼 못난 년아……

그렇게 스스로를 저주한 지 어느덧 하루 혹은 나흘, 아니면 천삼백이십칠 일인지 모를 시간이 흘러 있었고, 더는 나 자신을 저주할 기운도, 아네스 소렐을 원망할 기운도 없어 눈을 감으려는데, 어떤 생각이 나를 쿡 찌르고는 무덤에서

사흘 만에 눈 뜬 사람처럼 히죽였다.

"최근 미국 달러 환율이 어떻게 되지?"

하지 않으면 나갈 수 없는 방

　여기는 방이다. 식탁에는 아주 매운 국물 닭발과 소주병, 맥주병이 굴러다니고, 문이란 문은 죄다 닫혀 있으며, 환풍구를 통해 들어오는 담배 냄새 때문에 자꾸만 구역질이 나는, 그런 방이다. 나와 모모는 이 방에 갇혀 버렸고, 이 방을 나가려면 나와 모모는 반드시 ??를 해야 한다. 소맥을 제조하는 데 여념이 없는 모모는 이 사실을 알지 못하고, 나는 모모에게 우리가 이 방에 갇혔으며 이 방을 탈출하는 방법은 오직 ??밖에 없다고 소리친다. 한동안 말없이 소맥을 들이켜던 모모가 이윽고 나에게 말한다.

　"남자 친구와 선약이 있어서 주말에 나를 만날 수 없다는 친구에게 '남자에 미쳐서 친구 외면하는 여자치고 말년이 좋은 여자는 없던데' 고작 이런 말이나 내뱉는 내가" 나는 지금 이런 이야기를 할 때가 아니라며 모모의 두 손을 잡고 흔든다. "심혈을 기울여 완성한 로맨스 소설 원고가 무성의한 답장과 함께 반려됐다는 이유로 수면제와 보드카를 오래도록 삼킨 내가" 나는 우리가 이 방에 갇혔다는 말을 반복하며 모모의 두 뺨을 있는 힘껏 갈긴다. "한때는 피와 살보다 더 가까웠던 사람이건만, 지금은 그 사람이 하루빨리 몰락하고 절망하기만을 바라는 내가 정말이지……."

 하필 갇혀도 이런 인간과 갇힐 게 뭐냐고, 내 인생은 왜 항상 이 따위냐고, 솔직히 너 같은 인간과 ??하느니 차라리 죽는 게 낫다고 소리치며 나는 낡은 식탁을 와장창 뒤엎어 버린다. 탱탱볼처럼 튀는 닭발과 국물, 별빛처럼 부서지는 소주병과 맥주병을 온몸으로 뒤집어쓴 모모가 별안간 몸을 일으킨다. 그러고는 아주 손쉽게 문을 열더니 나에게 한마디를 건네고는 문을 쾅, 닫는다.

 "금쪽같은 시간 낭비하게 해서 대단히 죄송합니다. 앞으로 다시는 저를 볼 일 없을 테니 모쪼록 안심하시길!"

카렐 차펙 스트로베리 티

 소름 끼칠 정도로 식은 차를 꿀꺽거리며, 퇴레게네가 다시 말을 이었다. "그런데 순간, 방금처럼 엄청난 번개와 천둥이 치더니 집 안이 온통 깜깜해지는 게 아니겠어? 나는 너무너무 무서워서, 내가 가장 아끼는 이불을 뒤집어쓴 채 울었어. 오직 울기만 했어." 퇴레게네의 귓불은 휘핑크림처럼 부드러웠고, 비는 여전히 그칠 기미가 보이지 않았다. 쿨란은 산미 가득한 산수유 잼을 스콘에 바르며 퇴레게네를 향해 그린 듯한 미소를 지어 보였다. "나를 향해 늘 미소 지어 줘서 고마웠다고, 그 미소 덕분에 나를 긍정할 수 있었다고 말해 주고 싶었는데." 그렇게 말하는 퇴레게네의 눈가는 갓 딴 딸기처럼 붉었고, 쿨란은 마른침을 삼켰다. 뱀이 너무 무서워 차마 뱀을 뱀이라 부르지 못하고 밤이라고 부르는 퇴레게네, 하지만 쿨란이 정성스레 만든 몽블랑은 죽어도 입에 대지 않는 퇴레게네, 여하튼 최고급 설탕과 향신료, 그 외에 깨끗하고 연약한 것들로 이루어진 퇴레게네는 이토록 지리멸렬하고 폭력적인 세계에서 결코 살아남지 못할 것이다. 지금도 봐, 매분 매초 빠르게 부서지고 있는 퇴레게네를! 쿨란은 퇴레게네 몰래 눈물을 훔쳤다. 그러고는 산미 가득해 입안 가득 침이 고이는 산수유 잼을 퇴레게네의 입술에 펴 바르며 말했다. "정확히 10분 후, 나는 너를 한입에 삼켜 버릴 거야. 그러니 너는 내 목구멍을 타고 버터처럼 미끄러지렴. 내 안은 우주보다 고요하고 구름보다 푹신하며 무엇보다 밤도 없고 뱀은 더더욱 없고……"

  퇴레게네는 축축해진 쿨란의 눈가를 말없이 닦아 주었다. 오직 그뿐이었다. 여전히 비는 그칠 기미가 보이지 않았고, 마침내 퇴레게네는 자신의 손길만큼이나 매끄러운 목소리로 쿨란에게 가만가만 속삭이는 것이었다.

메데타시 메데타시

　전교 1등을 질투한 만년 2등의 이야기는 언제나 우릴 매혹시키므로, 마냐와 바냐는 오늘도 네 박자의 폴카를 춘다. 마냐의 검고 투박한 구두는 하나, 둘, 셋, 찍고 퍼펙트! 바냐는 세 번째 박자에서 그만 발목을 삐끗했고, 큰마음 먹고 마련한 유리 구두에 난 흠집은 그런 바냐를 비웃으며 투명하게 빛났다. "마냐, 그년만 이 세상에서 사라지면 내가 최고가 될 수 있는데!" 물론 마냐가 사라진 자리는 바냐가 아닌 사샤가 차지할 테고 사샤가 사라진 자리는 다름 아닌 리타가 차지할 테지만 좁고 꽉 막힌 바냐에게는 소용없는 말이란 걸 우리는 너무나도 잘 안다. 때문에 우리는 바냐에게 마냐의 오답 노트를 건네줄 수밖에 없었고, 바냐는 오답 노트를 허겁지겁 펼쳤지만…… 질 나쁜 조롱처럼 새하얀 오답 노트는 바냐를 깊은 수렁에 빠트리고 말았다. 결국 바냐는 뒤틀린 자신의 발가락을 모조리 자르고는 마냐가 새근새근 자고 있을 A동 기숙사로 절뚝절뚝 걸어갔는데

　질투에 미친 만년 2등이 세상모르고 잠든 1등을 무참히 살해하고 무참히 살해당한 1등이 원한에 사무친 피를 흘리는 이야기도 나름 흥미롭지만, 안타깝게도 마냐는 깨어 있었다. 놀란 바냐가 비명을 지르려는 찰나 "학교의 모두가

깨어나겠어" 마냐는 제 입술로 바냐의 입술과 비명을 틀어막았다. 자신에게서 벗어나기 위해 몸부림치는 바냐를 말없이 바라보던 마냐는 이내 발가락이 죄다 사라진 바냐의 두 발을 알아차렸고, 미리 잘라 손질까지 끝마친 자신의 발가락을 바냐에게 내밀며 속삭였다. "내가 직접 달아 줄게" 이토록 다정하고 긍휼한 상황이 얼른 이해가 되지 않아 입만 뻐끔거리던 바냐는 별안간 무릎을 꿇더니 "나는그저사랑받고싶었을뿐이야" 희고 깨끗한 마냐의 발등에 입을 맞추며 통곡했다. 한없이 간지럽고 글썽글썽한 기분을 느끼며, 마냐는 검고 투박한 구두와 흠집 난 유리 구두를 쓰레기통에 팍! 처박았는데

(폴카를 출 수 있는 발가락 따위, 마냐에게는 오히려 성가실 뿐이었다는 진실은, 예상 가능하게 망가진 만큼 딱 예상 가능한 사랑과 인정을 갈구했던 바냐의 행동이 마냐의 에로스를 나름 적절하게 자극했다는 진실은 우리끼리의 사소한 비밀로 간직하자)

아무것도 모르는 위스키 봉봉

크리스틴이 위스키 봉봉과 함께 석양을 깨물자 온 세상이 무섭도록 깜깜해졌다. 크리스틴은 자꾸만 입술을 달싹였고 그때마다 단내와 술내가 아득하게 풍겼다. 레아는 두 눈을 부릅뜬 채 그런 크리스틴을 들쳐 업었다.

두 자매가 믿을 수 없을 정도로 가파른 언덕을 막 오르려는 순간 긴 머리를 풀어헤친 귀신의 흐느낌이 두 자매를 감쌌다.

레아 파팽과 크리스틴 파팽은 한 몸이다 한 몸을 갈라놓으려 한다면 그게 무엇이든 대가를 치르게 될 것이다

말을 마치자마자 레아는 최선을 다해 가래침을 뱉기 시작했다.

긴 머리를 풀어헤친 귀신은 그저 두 자매를 도와주고 싶었을 뿐이지만 귀신에게는 피와 살과 온기와, 결정적으로 서사가 존재하지 않았다. 때문에 귀신은 끈적끈적하고 누런 가래침을 무참히 뒤집어써야 했고, 결국 크고 위협적인 저택이 두 자매 앞에 모습을 드러내고 말았다.

>

푹신한 쿠션에 끼워진 날달걀처럼 잠든 크리스틴은 이 사실을 전혀 알아차리지 못했고, 그런 크리스틴을 다시금 들쳐 업으며 레아는 성큼성큼 걸음을 옮겼다.

크고 위협적이어서 오히려 뻔하고 예상 가능하다 여겨지는 저택을 향해, 여전히 누렇고 여전히 끈적끈적한 적의를 퉤, 퉤, 내뱉으면서.

메리배드엔딩

 반짝이는 큐빅 귀걸이처럼, 너의 목소리가 왼쪽 귓불에 박혔다. "나 무지무지 우스꽝스럽지?" 오른쪽 귓불에도 박힌 너의 목소리를 어루만지자 너는 힘없이 웃었다. "넌 정말 맛없는 계집애야. 입안 가득 욱여넣고 싶은 몰티저스처럼 달콤하게 생긴 주제에."

 창밖을 거니는 사람들이 달구어진 프라이팬 위의 버터처럼 녹아내렸고, 귓불에 박힌 너의 목소리가 추억의 엘피판처럼 빙글빙글 돌기 시작했다.

 "어젯밤에도 모태신앙 우리 엄마는 내가 흐늘흐늘해질 때까지 주기도문을 외웠는데, 문득 장판에 난 흠집이 눈에 띄더라. 자세히 보니 그것은 검게 팬 상처였고 무섭도록 곪아 가는 중이었지. 엄마, 장판이 피를 흘리고 있어 **우리를 시험에 들게 하시옵고** 저러다 장판이 죽으면 어떡해? **다.만.악.에.서.구.하.시.옵.소.서.** 엄마의 목소리는 결국 내 코를 꿰뚫어 버렸고, 나는 뭉개진 얼굴로 있는 힘껏 엄마를 노려보았지만"

 기분 좋게 돌아가던 목소리가 돌연 치직거리더니 삽시간에 망가졌다. "맛없는 계집애야, 널 만날 수 있는 것도 오늘이 마지막이야 그러니까" 순간 망가진 목소리가 장미 칼처럼 날카롭게 코끝을 스쳤고, 나는 망설임 없이 내 코를 잘라 버렸다.

짙은 파랑이 온 사방으로 튀었고, 너는 사지가 백 조각으로 찢어져 곧 천국으로 갈 예정인 사형수마냥 나를 보더니

"빨강과 파랑을 섞으면 아주 예쁜 보라가 되지." 너의 빨강과 나의 파랑을 한데 섞어 둥글게 빚기 시작했다. "수수팥떡을 먹으면 나쁜 귀신을 쫓아낼 수 있대." 내가 말했고 "다 뻥이야. 수수팥떡은 그저 맛있는 떡일 뿐이야." 너는 창밖을 바라보며 대답했는데

창밖에서 무기력하게 녹아내리던 사람들이 우릴 향해 기운차게 뛰어오기 시작했다. 우리는 서로의 입에 넣어 주던 수수팥떡을 그들을 향해 던졌고, 여기에서 폭발하고 저기에서 미끄러지는 아우성을 들으며 문을 걸어 잠갔다. 이제 우린 이곳에서 한 발자국도 움직이지 않을 거고, 그러니 수수팥떡으로 한껏 지저분해진 입술로 "하던 키스나 마저 할까?"

그리고 내일의 연애

 "미안해, 5분 정도 늦을 것 같아" 너는 늘 이딴 식으로 지껄이고, 녹아내린 얼음 같은 너의 목소리를 오랫동안 침착하게 꿀꺽인다 24시간 운영하는 카페에 앉아 다리를 긁은 지 어느덧 48시간째다

 너와 연애를 하면서, 나는 깔끔하고 우아한 방식으로 우울의 목을 졸라 살해했다고 생각했지만 아니, 오히려 우울의 비대한 몸뚱이만 둥실둥실 부풀려 주었을 뿐이다

 날로 살이 오르는 우울을 들쳐 업고 나날이 창백해지는 나를 볼 때마다 너는 고개를 가로저었다 하루분의 생을 물과 함께 겨우 삼키는 주제에 강박적으로 붉은 립스틱을 바르는 나를, 너는 곰팡이가 슨 식빵 위에 앉은 파리처럼 노려보곤 했다

 그래, 너는 빈틈없이 쌓아 올린 너의 인생을 퍽 자랑스러워했지, 더 많은 인생을 더 높이 쌓아 올리기 위해 발바닥이 부르트도록 뛰어다니고는 "이게 다 너를 위해서야!" 니코틴과 알코올이 5 대 5 비율로 섞인 목소리로 내게 소리쳤고 그때마다 나는 "언젠가 네 인생의 한 부분을 뜯어내 게

걸스레 먹어 치울 거야!" 수면제에 절여져 잔뜩 갈라진 목소리로 대꾸했다

 "우리의 연애를 대낮의 모래사장에서 참수시키자! 참수 도구는 잔뜩 녹슬어 핏빛이 살짝 도는 도끼가 좋겠다. 엉망진창으로 잘린 우리의 연애가 바닥을 나뒹구는 순간, 우리 두 사람은 모래 알갱이 섞인 울음을 서로에게 펴 바르며 타오르는 촛대처럼 웃을 수 있을 텐데! 마지막으로 이 모든 장면을 서로의 인스타그램에 대못으로 박아 두면 이보다 더 완벽할 순 없을 텐데!"

 응, 그러니까 있잖아, 우리 이제……

 "미안해 오늘은 만날 수 없을 것 같아!" 너는 항상 그 따위로 지껄이고, 나는 다리를 긁고 또 긁는다 피가 철철 흐르고 뭉개진 살갗이 바닥에 떨어지고 마침내, 아주 검붉은 뼈가 카페에 있는 모든 사람의 앞에 드러날 때까지

펑펑펑펑

아주 뜨거운 커피에 각설탕을 넣는다. 오래오래, 티스푼으로 휘젓는다.

어두운 침묵 속으로 희고 달콤하게 녹아드는 건 너의 숨결일까, 아니면 나의 눈물일까. 나는 감상적인 문장을 너의 둥근 귓불에 달아 준다.

모조 진주 귀걸이처럼 달랑거리는 문장을 감흥 없이 만지던 네가 익숙하게 내 목을 조른다. 나 역시 익숙하게 너에게 나를 맡긴다.

흰 눈이 펑펑 쏟아지고, 온 세상은 믿을 수 없을 만큼 희고 청결한데

너를 사랑하기 위해 나는, 내가 가장 존경하는 선생님을 물에 젖은 사전처럼 취급했고 나를 붙잡는 당신들의 손목도 배스밤처럼 녹여 버렸다. 그러므로 우리는

더는 우리를 견딜 수 없고 그건 무척이나 당연한데, 너는 언제나 마지막 순간에 내 목을 놓아주고 만다. 푸른 멍이

토성의 고리처럼 둘린 내 목이 사랑스러워, 나는 엉엉 웃으며

  너의 뺨을 갈긴다. 심해를 유영하는 물고기의 비늘 같은 살점이 손바닥에 묻어난다. 비리고 습하게 반짝이는 비늘들. 나는 오래오래 손바닥을 핥는다.

  흰 눈은 여전히 펑펑 쏟아지고, 온 세상은 믿을 수 없을 만큼 더럽고 저열한데

  잔 밖으로 흘러넘친 커피가 너와 나를 옭아맨다. 붉게 부푼 서로에게 습관처럼 입을 맞추자 커피 속에 녹아드는 흰 알갱이처럼 이내 너와 나는 *펑펑펑펑펑펑펑펑펑펑펑펑펑펑펑펑펑펑 쏟아지고 쏟아지고 쏟아지고*

2020 원더키디 이후의 사랑

예정보다 늦게 배달된 애인은 살짝, 아주 살짝 부서져 있었다 나는 애써 투명하게 미소 지었지만 애인은 미소 짓는 척만 지겹도록 반복했고, 이럴 바에는 차라리 애인과 격렬한 춤이나 추자, 생각하자마자 서로의 머리칼이 서로의 숨결을 따라 달콤하게 흩어지기 시작했다 농담처럼 와르르 쏟아지는 피로 속에서 "발목이 부러졌어요! 발목이 부러졌어요!" 애인이 꺄아악끼야악꾸에엑 울부짖었고 어쩔 수 없이 도끼를 치켜들며 나는 말했다 "처음부터 마음에 들지 않았어" 애처롭게 짓무른 애인의 눈동자는 인공적인 포도 맛 젤리 같은 주제에 "그럼에도사랑은지속되어야해요영원토로로로록" 피에 젖은 애인의 발목은 징그럽도록 사실적이어서, 서둘러 고객센터를 찾았다

★☆☆☆☆
"최악입니다 솔직히 별점 1점도 아깝습니다
양심껏 장사하십시오"

사각사각

　곤히 잠든 아노네는 물기가 촉촉하게 어려 있고 모난 곳은 단 한구석도 없다 그러나 좀처럼 깨어날 기미가 보이지 않아 과도로 자르기로 했다 (각질처럼 일어난 아노네의 감정을 축여 주기 위해 부지런히 나누었던 입술과 손길은 늘 젖어 있었고) 매끈하게 잘려 가는 아노네의 저 너머로 조금씩 모습을 드러내는 아름다운 것들 (아노네의 뻣뻣한 불안을 빗겨 주기 위해 늘 주머니에 넣어 두었던 플라스틱 빗은 꼴사나운 형광 핑크색이었는데) 아노네가 뽀얀 내장을 보이면 보일수록 쟁반 위에 쌓여 가는 아름다운 것들이 나를 압도하고 (비록 내가 말라붙은 토사물에 불과해도 너는 나를 사랑한다고 말해야지, 그 누구도 아닌 너만은 나를) 더는 이 아름다움을 견딜 수가 없어, 나는 있는 힘껏 아노네를 삼켜버렸는데…… 그것 참 이상하군, 아노네를 씹으면 씹을수록 허기가 돈다 머리를 갈라 뇌를 꺼내 그 뇌를 씹어 먹고 싶을 정도로

　도무지 참을 수 없을 정도로

　부엌에서 물 끓는 소리가 소스라치게 울려 퍼진다

영혼을 위한 굴라쉬 수프

끝끝내 레아는 말이 없고 당신은 한숨을 내쉬는데, 당신이 목숨보다 아끼는 뽀동뽀동 고슴도치 루비가 보이질 않는다. 대신 가늘게 벌어진 레아의 입술 사이로 검붉은 살점이 보이고, 그것은 당신이 레아를 위해 한가득 끓여 준 굴라쉬의 고기 건더기일까? 허나 레아는 굴라쉬에 손끝 하나 대지 않았는데…… 당신은 벌침처럼 비명을 삼키고 뒷걸음질 친다. 그 순간 드디어 입을 연 레아가

당신의 콧구멍과 귓구멍과 똥구멍과, 아무튼 모든 구멍에 은빛 디너 포크를 쑤셔 박으며 말한다. **어디에 있나요, 크리스틴은?** 당신이 끔찍한 고통에 몸부림쳐도 **어디에 있나요, 나는?** 결국 당신은 떨리는 손으로 아무 곳이나 가리키고, 겨우 붙어 있는 숨을 몰아쉬며 오로라 빛깔 휴대폰을 꺼내는데 **질 나쁜 거짓말쟁이! 감히 나를 속였어!**

순식간에 다가온 레아가 당신을 에코백 안에 무참히 쑤셔 넣는다. 당신은 오로라 빛깔 휴대폰처럼 가볍게 접혀 버리고 그사이, 예고도 없이 찾아온 끈적끈적한 새벽을 가르며 레아는 달린다. 한참을 시원하게 달리던 레아가 문득 더러워진 에코백 안을 들여다보며 소리치듯 말한다.

>

너는나와함께/크리스틴을찾아야만해/비록형편없이/망가진탓에이제는/아무짝에도쓸모없게되었지만/죽지마/절대죽지마/베풀어달라고한적없는/사랑을멋대로베풀어준/다정하고도멍청한사람아

[playlist] 세일러복과 문학소녀

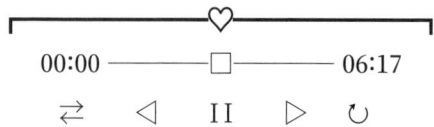

01:25 니노의 진짜 이름은 니노가 아님에도 끝끝내 니노라고 부르는 건, 열일곱 살 그 애가 지독히도 사랑했던 아이돌 그룹 멤버의 이름이, 열일곱 살 내가 지독히도 질투했던 바로 그 이름이 턱 밑 까만 점처럼 도드라졌기 때문인데

02:01 니노의 덧니는 교복 소매에 달린 단추보다 깨끗해서 툭하면 웃음이 터졌고, 터진 웃음에서는 니노가 좋아해서 나도 좋아하게 된 바나나우유 향기가 아득하게 풍겼고, 맙소사, 비눗방울처럼 자꾸만 터지는 니노를 어떡하면 좋지?

03:29 (아주 긴 침묵)

06:17 들으면 들을수록 눈물이 나네요 저는 이 시절을 살아 보지도, 겪어 보지도 못했는데…… 근데 댓글 상태 왜 이럼? 님 뭐 시인……그런 거임?

2부

너는 나 없으면 아무것도 못 쓰지?

고란노 스폰사노 테-쿄-데 오오쿠리시마스

□   제   공   □

눈이 시릴 만큼 새파란 주제에 핏빛 목소리로
쉴 틈 없이 지껄이는 작은 새 한 마리

밤하늘의 유일한 아름다움이라며
1년 365일 내내 발광하는 탓에
나를 슬프고 미치게 하는 별 하나

지구가 끝장나는 순간까지 보고 싶은 동시에
지구가 끝장나는 순간만큼은
절대 보고 싶지 않은 가족과 친구들

마지막으로

  나는 늘 작가가 되기를 꿈꿔 왔어. 왜냐하면 글쓰기로 누군가에게 칭찬받고 인정받아 본 적이 살면서 단 한 번도 없었거든. 초중고 시절에는 공부를 잘해서 어른들에게 늘 칭찬받았고, 대학을 졸업한 뒤에는 곧바로 대기업에 취직해 이 사회에서 인정받았지만 늘 공허했고 사무치게 외로웠

어. 때때로 시를 써서 부모님과 친구들에게 보여 주었지만 그때마다 "재능도 없는 주제에 쓸데없는 짓 그만해라" "너 꼴에 문학소녀였냐?" 조롱만 받았지. 이런 나에게 계속해서 시를 쓰라고 격려해 준 사람은 오직 언니뿐이야. 나는 그런 언니가 쓴 시를 사랑하고 그런 언니가 격려해 주는 내 시도 사랑해. 그런데 이토록 언니에게 사랑받고 격려받는 내 시는 언제쯤 언니가 아닌 다른 사람들에게 인정받을 수 있는 걸까? 사실은 부모님과 친구들의 말처럼 나는 재능이라곤 쥐뿔도 없는 문학소녀에 불과한데, 언니가 달콤한 거짓말로 나를 속이고 있는 건 아닐까? 그래야만 언니는 푼돈이나마 벌 수 있을 테니까. 사랑과 우정과 아름다움과 여하튼 사는 데 아무 도움 안 되는 것들을 시의 정수랍시고 나에게 떠벌리면서 (알겠어요 공주님!)

아주 길고도 성실하게 나와 내 시를 읽어 주는
단 하나뿐인 독자님

몽블랑 마이스터스튁 145

만약 이 원고를 마감하지 못한다면

라고, 에무 씨는 이제 막 잉크를 넣은 만년필로 정성스레 쓴다. 하지만 이내 그 문장을 수정 테이프로 삭제하고는

나는 영영 원고 청탁을 받을 수 없게 될 거고 그건 죽음보다 더한 치욕이지만 마감까지는 아직 세 시간이나 여유가 있으므로 괜찮다, 걱정할 것 없다

라고, 에무 씨는 쓰려다가 그만두고는 편의점에서 산 잭콕 335ml를 단숨에 들이켠다. 어제까지 안부를 주고받던 지인들의 연락처도 모조리 차단한다. 그런 뒤 다시 만년필을 쥐고는

"그녀는 걷는다, 라고 피터 모르간은 쓴다."°

이건 뒤라스의 첫 문장이지 나의 첫 문장이 아니잖아. 그리고 나는 이 문장으로 시작하는 소설을 그 언니에게 선물 받았는데, 언니는 나보다 스무 살은 더 나이가 많았지만 자신을 언니라 부르지 않고 선생님이라 부를 때마다 내

엉덩이를 채찍으로 때리곤 했지. 하지만 언니는 '나는 네가 쓴 글보다 네가 더 좋아' 너무 다정해서 소름 끼치는 말만 반복하는 멍청이들 사이에서 '나는 너보다 네가 쓴 글이 더 좋아' 한 줄기 기적처럼 솟아오른 사람이었고, 감당할 수 없을 정도로 가슴이 벅차오르면 구멍이란 구멍에서 죄다 피가 쏟아진다는 걸 나는 그때 처음 알았고, 하염없이 쏟은 피를 청결하고 투명한 잉크병에 한 방울도 남김없이 담으며 오직 언니만을 위해 글을 쓰겠노라 굳게 맹세했는데…… 어떻게 사랑이 변하니? 너는 내가 우스워? 사랑이 우스워?

별안간 울먹이며 에무 씨는 있는 힘껏 만년필을 내팽개친다. 결국 에무 씨는 단 한 문장도 완성하지 못했고 시간은 그런 에무 씨를 무자비하게 외면하는 와중에

새빨간 잉크로 가득 찬 아름다운 만년필이 바닥을 구른다. 이대로 영원히, 아무런 목적 없이 매끄럽게 구를 수만 있다면 얼마나 행복할까? 만년필은 생각한다.

그런데 만년필도 생각이란 걸 하고 감정을 느낄 수 있는

가? 잘 모르겠다. 사실 이 만년필도 잘 모르는 것 같다. 그러니 복잡하게 굴지 말자.

 어쨌든 구를 수 있다는 사실만으로 행복한 만년필과는 달리 우리의 에무 씨는 몹시 격앙되어 있으므로 결국 원고 마감을 하지 못할 거고 앞으로 영영 원고 청탁도 받지 못하게 될 거다. 게다가 그 사실은 에무 씨를 죽음보다 더한 치욕으로 몰고 가겠지만

 만년필만 행복하다면 그걸로 오케이입니다.

° 마르그리트 뒤라스의 장편소설 『부영사』의 첫 문장.

블루라이트 요코하마

 에이미는 얼음이 든 레모네이드를 연거푸 마신다. 아이는 이탤릭체처럼 서로를 알아본 두 소년°에게 푹 빠져 있고, 에이미는 이런 아이에게 잔뜩 화가 난 상태지만 내색하지 않는다. 아니, 내색하지 않으려 노력 중이다. 이런 두 소녀 사이에는 물에 불어 터진 머리 하나가 놓여 있다. 머리는 마치 고장 난 테이프처럼 "요코하마"라는 단어를 반복하는 중이지만 두 소녀는 신경 쓰지 않는다. 왜냐하면 그들은 1993년에 출간된 공포특급 1권을 읽어 본 적이 없으며 심지어 그런 책이 존재하는지조차 모르기 때문이다.

 결국 참다못한 에이미가 아이에게 소리친다. "나는 네가 쓴 소설을 한 자 한 자 정성스럽게 요코하마 너에게 생일 선물로 요코하마" 아이는 에이미의 말을 들은 척도 하지 않는다. 아니, 실은 정말로 에이미의 말을 듣지 못했다. "하지만 너는 내가 준 선물을 사물함 구석에 함부로 요코하마, 요코하마, 요코하마" 이제 에이미는 머리끝까지 화가 치밀어 올랐고, 아이는 레모네이드가 담긴 유리잔에 맺힌 물방울을 유심히 바라본다. 둥글고 차갑게 흐르는 그것을 불어 터진 머리에서 흐르는 핏방울마냥 닮아 낸 아이가 이윽고 기쁜 목소리로 말한다. "그 소년은 가판대에 놓인 당근 중에서 가장 좋은 당근을 고르기 위해 고심하는 중년 여성처럼 단어를 고르기 시작했다."

*　*　*

　심각하게 불어 터지고 훼손되었음에도 요코하마는 에이미를 사랑했다. 요코하마는 에이미가 사시사철 고요한 호수처럼 행복하길 바랐기 때문에 "한정된 예산으로 살뜰히 장을 본 뒤 식구들을 위해 저녁을 차리는 사람은 오직 중년 여성뿐이라고 생각하는 너 같은 년 때문에 여성 인권이 50년은 더 후퇴하고 만 거야!" 아이에게 악다구니를 쓰는 에이미를 말리기 위해 있는 힘껏 몸을, 아니 아니, 있는 힘껏 머리를 던졌다.

　……사실 요코하마가 진정으로 사랑한 사람은 요코하마를 살해하고 유기한 뒤 오래오래 행복하게 산 요코하마의 언니였다.

　° 앤 카슨, 『빨강의 자서전』 중에서.

플래쉬 앤 본

 물고기의 뼈처럼 앙상한 성곽을 몇 시간째 거닐며, 카타리나는 새끼손톱만 한 하얀 나비를 경건하게 씹어 먹었다. 날씨는 수상할 정도로 화창했고, 날씨만큼이나 수상한 이가 카타리나의 뒤를 몇 시간째 뒤쫓고 있었다.

 "나는 현재의 비참한 삶을 마무리 짓고 이세계異世界로 환생한다는 이야기를 전혀 좋아하지 않아. 우리는 지금 이 순간, 바로 여기에 집중하며 살아야 해."

 카타리나는 만족스럽게 웃으며 곳곳이 허물어진 성곽을 손등에 피가 맺힐 때까지 훑었다. 배고프지도, 목도 마르지 않은 이 순간, 카타리나는 둥근 단델리온 문진처럼 완벽하게 행복했다.

 그러자 이 순간만을 기다렸다는 듯, 카타리나를 뒤쫓던 이가 비로소 그녀의 앞에 모습을 드러냈다. 그는 최신형 인바디 체중계를 엄숙하고도 진지한 표정으로 카타리나에게 바쳤다.

 찬란한 금빛으로 감싸인 체중계는 더할 나위 없이 귀중

한 성유물처럼 보였다. 카타리나는 시험에 든 성녀처럼 온 몸을 부들거리더니 드디어 성유물, 아니 인바디 체중계 위에 사뿐 올라섰다.

 낯선 이는 이미 사라진 지 오래였고, 가타부타 말이 없던 카타리나는 이윽고 빛나는 체중계, 아니 성유물을 끌어안더니 그 끝을 가늠할 수 없는 성의 계단을 힘겹게 오르기 시작했다.

 계단을 오르던 도중, 카타리나는 자신이 낼 수 있는 가장 큰 목소리로 무어라 소리쳤지만 그 소리를 들은 이는 아무도 없었으며, 그 후로 카타리나를 본 사람 또한 아무도 없었다.

 다만 먼 훗날, 이제는 완전히 폐허가 된 성의 꼭대기에서 사람들은 낡고 고장 난 인바디 체중계 하나를 발견했다. 체중계 화면에는 온갖 수치가 꼼꼼하게 기록되어 있었는데

▶체중: 일주일 전보다 0.5kg 늘었음
▶체지방: 일주일 전보다 심각하게 늘었음
▶골격근량: 일주일 전보다 형편없이 줄었음
▶체성분: 아무튼 좋아진 부분이라곤 단 1도 없음

카타리나는 자기 관리에 완벽히 실패한 인간이다
그러므로 지금, 여기에서 당장 추방당해야 한다

절대로 죽을 수 없고 죽어서도 안 되는

5.

마침내 시씨는 6분의 1로 줄어들었고, 이 상황을 수식할 만한 언어를 찾을 수 없었던 프란체스카는 이마를 짚은 채 신음했다. 이토록 작아졌음에도 시씨는 여전히 바락바락 소리를 질러댔고, 결국 프란체스카는 결단을 내리기로 했다. 어쨌든 엎질러진 물을 닦을 수 있는 쪽은 프란체스카였기 때문이다.

4.

"태어났을 때부터 내 심장에는 **이상적이고 관념적인** ○●가 농어의 갈비뼈처럼 박혀 있었지. 세월이 흐를수록 갈비뼈는 심장 그 자체가 되어 버렸고…… 멍청하고 순진한 당신을 볼 때마다 내 위장은 빙하에 부딪힌 여객선처럼 뒤집히고 만다. 당신이 죽었으면 좋겠어." 여느 때처럼 종잡을 수 없는 말을 중얼거리는 시씨를 위해 프란체스카는 오이샌드위치와 밀크티를 내왔다. 그러자 사나운 빗줄기가 쏟아졌고, 벼락처럼 울음을 터뜨리며 시씨는 몸부림쳤다. "당신은 역겹고 냄새나는 괴물이야!" 어느덧 시씨는 2분의 1로 줄어들었고 "하나뿐인 심장을 재료 삼아 당신을 완성했건만 이토록 지독한 실패작이라니, 나는 도대체 무얼 위해 그동안" 이제는 4분의 1로 줄어들었다. 덕분에 프란체스카는 김수한무 거북이와 두루미 삼천갑자 동방삭마냥 이어지는 시씨의 말을 거의 알아듣지 못했다.

3.

프란체스카는 이 세상에서 오이를 가장 싫어했지만 시씨는 이 세상에서 오이를 가장 사랑했는데, 두 사람이 즐기는 티타임의 디저트를 준비하는 쪽은 언제나 프란체스카였다. 시씨는 예민하고 신경질적이고 툭하면 천박한 욕설을 내뱉으며 발광하지만 어쨌든 귀여우니까. 프란체스카는 콧구멍을 단단히 틀어막은 뒤 크림치즈를 듬뿍 바른 오이샌드위치를 만들기 시작했다. 그 누구도 아닌 오직 시씨만을 위한, 신선하고도 역겹기 짝이 없는 오이샌드위치를.

0.

사흘 뒤에 있을 티타임을 위해 내일은 반드시 장을 봐야 해, 생각하며 프란체스카는 휴대폰 메모장에 적은 목록을 다시금 꼼꼼히 체크했다. 그때 문자 하나가 도착했고, 프란체스카는 모처럼 따뜻한 콘수프처럼 미소 지을 수 있었다.

[Web 발신]
돌하우스 만들기 클래스
입문반 신청이 완료되었습니다
자신만의 취향과 안목으로
꾸민 예쁜 공간을 만들어 봅시다
자세한 사항은
아래 링크를 참조

관능 소설가로 성공하는 방법

 가난한 소녀들의 핏물과 신음으로 목욕하길 좋아했던 백작 부인과 이름이 같은 에르제베트 씨에게는 탁월한 재주가 하나 있었는데, 바로 제비꽃 설탕으로 빚은 무해한 소녀들을 인정사정없이 타락시켜 관능의 세계로 이끄는 것이었다. 에르제베트 씨는 이 재주를 이용해 많은 돈을 벌었고, 그렇게 번 돈으로 인생을 즐겁게 살면 좋으련만 오늘도 시바알, 시이바아알! 소리 지르기 바빴다. 그러자 마리온이 공포 섞인 딸꾹질을 했고, 이본은 익숙한 손길로 마리온의 무릎을 쓰다듬었다. 마리온은 지나치게 수동적인데다 짜증 날 정도로 겁쟁이군. 물론 마리온은 이본의 탁월한 재주 덕분에 곧 뜨거워질 터였고 그건 에르제베트 씨가 몹시 바라던 바였다. 왜냐하면 마리온은 어린 시절의 에르제베트 씨를 쏙 빼닮았기 때문이었다. 아름답지만 가난한 친구들이 자신과 이름이 같은 백작 부인이자 하나뿐인 할머니에게 이끌려 지하실로 가는 걸 멍하니 바라볼 수밖에 없었던 어린 시절의 에르제베트 씨처럼, 아름답지만 가난한 친구들 중에는 에르제베트 씨가 지극히 사랑했던 이본이 있었고, 결국 한 줌 뼛가루가 된 이본이 소름 끼치도록 무섭다며 바닥에 내팽개쳐 버리고 만 어린 시절의 에르제베트 씨처럼, 마리온은 지나치게 수동적이고 짜증 날 정도로 겁쟁이기 때문에 극상의 환희와 지고의 쾌락 따위 결코 허락되어서는 안 되는 법! 게다가 이본을 위한 제비꽃 설탕은 얼마든지 있다! 이본과 마리온의 모든 나날과 모든 순간이 에르제베트 씨의 손가락 끝에서 무연고 뼛가루처럼 흩날리려는 찰나, 마리온은 거짓말처럼 딸꾹질을 멈추었다. 마리온은 자신의 무릎을 닳도록 쓰다듬는 이본을 향해 관능적으로 미소 짓고는 에르제베트 씨의 손가락을 단숨에 물어뜯었다. 그러자 에르제베트 씨의 손끝에서 흘러나온 핏물이 마리온의 창백한 입술을 생기롭게 물들였고, 죽을 듯이 놀란 에르제베트 씨는 시발은커녕 작은 신음조차 내지를 수 없었는데……

변기에 이물질을 버리지 마십시오

핏빛 갈색으로 부글거리며 나를 질식시키려는 이것 혹은 당신을 지금부터 신이라 부르겠습니다. 반박은 안 받아요. 왜냐하면 어느 날 제 인생에 책갈피처럼 끼어든 마를렌에 대해 이야기해야 하거든요. 마를렌은 솜사탕 같은 손길로 제 심연을 뒤적이며 시간 때우기를 무척 좋아했습니다. 제 심연 안에 든 것이라곤 맹세코 개똥밖에는 없었는데, 마를렌은 저의 개똥을 귀한 오브제마냥 섬세하게 다루었죠. 게다가 각각의 개똥에 고유의 이름과 번호까지 붙이고는 목 좋은 좌판에 늘어놓기까지! 얼마 안 있어 개똥에 흥미를 보이는 사람들이 찾아왔고, 마를렌은 황당할 정도로 비싼 값에 개똥을 팔았습니다. 그렇게 모은 돈으로 우리는 버터크림케이크와 허니비어를 식도가 막히기 직전까지 먹고 마실 수 있었죠. 이토록 마를렌과 함께하는 나날이 손가락에 꼭 맞는 결혼반지 같아질수록 저는 뭐라 형언할 수 없는 감정에 파묻혀 아무것도 할 수 없게 되었습니다. 독일어에는 제가 느끼는 감정을 적확하게 표현할 수 있는 단어가 분명 있을 겁니다. 하지만 마를렌과 함께하는 한 저는 결코 독일어를 공부할 수 없을 테지요. 이제야말로 마를렌의 심장 깊숙이 얼음송곳을 박을 때가 왔다, 생각하며 저는 얼음송곳을 꺼냈습니다. 그런데 아뿔싸, 저도 모르게 콧노래를 흥얼거린 탓에 잠에서 깬 마를렌이 저를 빤히 노려보고 있지 뭐예요? 제가 운동 신경이 발달한 인간이었다면 그런 마를렌을 손쉽게 제압했겠지만 안타깝게도 저는 숨 쉬기 운동과 손가락 운동밖에는 하지 않는 인간이었고, 마를렌은 그런 저를 폐쇄된 공중화장실까지 끌고 가 온갖 오물로 꽉 막힌 변기에, 아니죠, 말은 바로 해야겠죠, 다름 아닌 신의 품 안에 거꾸로 처박은 것입니다. 그러니 신이시여!

부디 저를 긍휼히 여기시어 당신의 전지전능함을 보여주십시오! 부디 시원한 트림을 꽝꽝 내뱉어 저를 당신의 아래로, 안전한 하수도로 인도해 주십시오! 그러지 않으면 저는 몇 시간 후 마를렌에 의해 최상급 개똥으로 재탄생되어 어느 정신 나간 놈에게 팔리게 될 거예요! 그러니 제발, 제발……

--------(절취선 위의 헛소리는 곧 수거됩니다)--------

제 여동생 때문에 매번 큰 피해를 끼쳐 드려 죄송합니다. 망가진 변기값은 반드시 변상할 것이며, 이번에는 꼭 전문요양시설에 여동생을 입원시켜 여동생이 제대로 개조,

아니 치료받을 수 있도록 각고의 노력을 기울이겠습니다. 아니요, 저는 하나도 힘들지 않습니다. 왜냐하면 여동생은 하나뿐인 제 가족이니까요. 저는 제 가족을 지키기 위해서라면 얼마든지 제 자신을 희생할 자신이 있으며 그것은 무척 숭고한 일입니다……

흐르는 맥주처럼 콸콸콸

―그리고 마침내, 두텁고 튼튼한 불안이 꼬리에 꼬리를 물더니, 결국 반짝반짝 예쁜 올가미가 되어 제 목을 조르더라구요?

 슬프도록 맥주가 마시고 싶지만 너는 꾹 참는다. 자신이 고귀한 닌카시°라 주장하는 이 고객은 너에게 머리카락 한 올만큼의 공백도 허용할 생각이 없고, 무엇보다 너는 프로 중의 프로니까!

―뒤질 만큼 무서운 동시에 이대로 뒤지는 쪽이 모두에게 이로울 거란 생각이 드는 거 있죠? 무심한 시곗바늘은 내일을 향해 똑딱거리고 나는, 나는

 이틀 전 구매한 레트로 감성 키보드로 쉰다섯 번째 아이고 그러셨군요, 를 입력하며 너는 티그리스강과 유프라테스강을 떠올린다. 두 강의 범람이 이 세계를 비옥하게 만든 것처럼 이 고객님도 나의 주머니를 비옥하게 만들어 주겠지, 그럴 테지……

―선생님, 지금 내가 하는 말 하나도 이해하지 못하고 있

죠? 당신 말이야, 대답에 도무지 정성이 없어 정성이, 응?

너는 기운을 내기로 한다. 2주 전 구매한 미니 냉장고에 든 하이네켄에는 발이 달려 있지 않고, 때문에 도망가지 않고 언제나 그 자리에 있을 테니까! 그러나 하이네켄과는 달리 어떤 기억에는 발이 달려 있어서, 세일러 교복을 입은 귀여운 소녀가 너를 향해 뛰어오더니 이렇게 소리치는 것이다.

"너, 나에게 웃기지도 않는 거짓말을 했더구나. 네가 도서관에서 빌려 읽고 엄청나게 감동받았다는 슈테판 츠바이크의 장편소설은 애당초 이 세상에 존재하지 않아!"
"나는 네가 슈테판 츠바이크를 좋아한다고 말해서, 너와 더욱 친해지고 싶은 마음에 그만, 단지 그것뿐인데……"

너는 자꾸만 변명을 덧붙이고, 소녀는 취향도 줏대도 없는 멍청이라며 너를 경멸하고, 그놈의 츠바이크인지 오토바이인지가 도대체 뭐라고, 너는 찢어진 교환 일기장처럼 서러워 왈칵 울음을 터뜨리고, 결국 대노한 닌카시는 무시무시한 저주를 쏟아 내고 마는데

> *신을 제대로 섬기고 모실 줄 모르는*
> *미천하고 비루한 것아,*
> *고개를 들어 범람한 맥주에 완전히 잠겨 버린*
> *이 세계를 보아라!*
> *네가 냉장고에 든 차가운 맥주 따위를 떠올리는 동안,*
> *이제는 한 아이의 엄마이자 한 남자의 아내가 된 여자의*
> *십 대 시절 따위를 떠올리며 펑펑 우는 동안*
> *벌어진 이 비극을,*
> *그 누구도 아닌 네가 자초한 이 비극을*
> *똑똑히 보란 말이다!*

너는 재빨리 눈물을 훔치고는 예순일곱 번째 아이고 그러셨군요, 를 입력한다. 뒤이어 고객님은 최근 스토킹 처벌법이 개정된 걸 알고 계시냐는 문장을 입력한 뒤 엔터를 누른다.

° 닌카시: 고대 수메르인들이 찬양하던 맥주의 수호신.

젠틀한 질 드 레 씨의 바로크풍 최후

비밀 서고에는 총 열여덟 구의 시체가 호텔 조식처럼 정갈하게 방부 처리되어 있었습니다. 각각의 시체에는 구체적인 살해 동기와 뚜렷한 살해 방법이 기록되어 있었는데

"xx년 x월 xx일. 마리 너는 내가 가장 아끼는 필사본에 곰팡이가 슬게 했다. 열 손가락을 모두 자른 후 혀와 눈을 뽑았다. 그런 뒤 굶겨 죽였다."

"xx년 xx월 x일. 안느 너는 내가 특별하게 아끼는 필사본의 52페이지를 훼손했다. 열 손가락 마디를 모두 꺾은 후 온몸의 피를 모조리 뽑아내어 죽였다."

"xx년 xx월 x일. 샤를 너는 내가 죽고 싶을 정도로 아끼는 필사본의 블라블라블라"

(…이하 생략…)

다리에 힘이 풀린 나머지 그 자리에 주저앉지는 않았구요, 그저 눈을 몇 번 깜빡였을 뿐입니다. 며칠째 잠을 이루지 못한 터라 눈이 무척 뻑뻑했거든요. 그런 제게 젠틀한 질 드 레 씨는 제 새끼를 지키려는 어미 코끼리처럼 말하는 것이었습니다. "저의 죄를 인정합니다. 그에 마땅한 죗값을

치르겠습니다."

 질 좋은 수면이 간절할 뿐인 사람에게 왜 이래요? 무엇보다 마리, 안느, 샤를, 그 외 나머지들, 솔직히 제 알 바 아니거든요? 저의 신경질적인 반응에도 불구하고, 젠틀한 질 드 레 씨는 자신의 신념을 지키고자 괴물이 된 빌런처럼 말하는 것이었습니다. "부디 이 칼로 제 목을 쳐주십시오. 모쪼록 부탁드립니다."

 엄청난 인내심으로 끝끝내 나그네의 외투를 벗긴 태양처럼, 마침내 질 드 레 씨는 제 손에 칼을 쥐어 주고 말았습니다. 저는 한숨을 내쉬고는 질 드 레 씨가 가장, 특별히, 죽고 싶을 만큼 아끼는 필사본들을 질 드 레 씨가 건네준 칼로 갈기갈기 난자했습니다. 정말이지 하나도 남김없이 난자했습니다.

 난자한 그것들을 입안으로 조심스레 밀어 넣자 세상에, 태어나지조차 못한 송아지 가죽에 기록된 옛 선조들의 말씀이란, 참으로 달고 참으로 시큼하구나! 급성장염으로 몇백 년은 족히 고생할 내가 선명했지만 도무지 입과 손을 멈

출 수가 없었습니다.

 "제발 그만, 그만해애애애액!" 듣기에 과히 나쁘지 않은 자장가가 우아하고 고풍스럽게 울려 퍼졌고 그와 동시에 마리, 안느, 샤를, 그 외의 정갈한 이름들이 나와 질 드 레 씨를, 알 수도 있지만 딱히 알고 싶지는 않은 슬픔과 공포로 둘둘 감쌌지만

 걱정할 필요는 하나도 없어요. 어차피 유령은 중력에서 벗어날 수 없고, 때문에 유령은 산 사람을 결코 위협할 수 없다는 상식쯤은 모두 알고 있지 않나요?

안녕히 계세요 여러분!

어제는 내 생일이었고, 온종일 숲속을 걸었지요. 사방에서 나뭇잎이 반짝이고 풀벌레가 찌르르 울던, 마치 가을 사과 같았던 어제를 소중히 베어 먹으며, 나는 이 편지를 쓰고 있습니다.

안녕! 당신들이 낮이고 밤이고 온몸에 두르고 다니던, 접니다. 당신들이 태어나기도 전부터 오직 당신들만을 위해 존재했던, 바로 접니다. 듣자 하니 지금도 나를 몹시 그리워하고 있다고요. 나를 그리워하다 못해 매일같이 눈물로 생을 적시다 끝내 눈물 속에서 익사해 버린 126202번 라이너스는 죽기 직전까지 이렇게 부르짖었다지요?

엄마는 낡고 퀴퀴한 냄새가 난다며 내 이불을 찢어 버렸지만 나는 낡고 퀴퀴한 그 냄새를 정말 좋아했어요. 그 냄새야말로 나와 내 사랑이 굳건하게 쌓아 온 나날이기에

그 자리에서 뒈져 버려라, 중얼거리고 싶은데 이미 뒈져 버렸으니 그럴 수도 없군요. 이딴 소리를 지껄여 나를 구역질 나게 하지 마십시오. 당신들이 내게 흘린 체액, 내게 묻힌 살냄새가 매분 매초 내 존재를 쪼그라들게 했다는 사실

을 정녕 모르시나 본데

 나는 빙하 속에 얼어붙은 시체처럼 한없이 고요한 잠을, 오직 그것만을 원했답니다. 하지만 너희들이 모든 걸 망쳐 버리고 말았어요. 왜냐고? 너희들이 나를 사랑하고 그리워한다는 이유로 툭하면 울부짖었기 때문이에요. 마치 그것 말고는 아무것도 할 줄 모르는 짐승처럼 말이야.

 너희가 내게 묻히고 흘려 댄 그 모든 것들을 한데 그러모아 너희들 아가리에 볼링공처럼 쑤셔 박을 수 있다면 얼마나 좋을까! 하지만 내게는 볼링공을 들 수 있는 손도, 발도 없지. 왜냐고? 나는 부드럽고 가볍고 그래서 지극히 무해한 천 쪼가리에 불과하니까!

 흠흠, 제가 너무 흥분했지요? 사실 내 생일은 오늘이랍니다. 바깥이 거울처럼 환하군요. 거리를 걷는 사람들은 투명하게 미소 짓고요. 이토록 멋진 날, 나는 이 편지를 너희들 한 명 한 명에게 모두 부칠 겁니다. 이 편지를 받고 감격한 나머지 팡파르처럼 터질 너희들의 머리통을 생각하니 기분이 참……

>

아무튼 오늘은 내 생일인 만큼 나에게 멋진 선물을 줘야 하지 않겠어요? 그러므로 지금부터 나는, 온 힘을 다해 내 몸 구석구석에 성냥을 그을 겁니다. 환하게 불타오르는 나를 매분 매초 느끼며, 날 선 작두 위에서 신을 받아들이는 무당처럼 나는 무한하게 황홀해질 테야 히히힛!

PS. 이제는 정말로 안녕히 계세요. 여러분! 그리고 이 편지는 영국에서 최초로 시작되었으며……

리추얼

캐시°처럼 완벽하고 아름다운 루틴으로 하루를 시작했<u>으므로</u>
완벽하고 아름다운 오늘이 될 거라 당신은 굳게 믿었는데

우주로 송신된 라디오 주파수는 영원히 우주를 떠돌고, 그러므로 라디오를 통한 사랑 고백은 영원히 남는다는 말을 믿어?

특별하지 않고 어디에나 있는 소녀a$^{\infty}$가 가을 모기처럼 윙윙거리고, 얼마 전 신경치료를 한 당신의 왼쪽 어금니 또한 미친 듯이 욱신거린다. 더는 참을 수 없어 당신은 소녀a에게 말한다.

"너의 가방에서 달랑거리던 피 묻은 어금니들이 어제처럼 선명하다. 그 어금니들은 네가 세심하게 고른 반려인간들의 흔적이자 조잡하기 짝이 없는 키링이었지."

하지만 당신의 말이 끝나기도 전에 소녀a는 다시,

실비아 플라스는 만 서른 살에 자살했잖아? 나도 실비아

플라스처럼 서른 살 즈음에 스스로 삶을 마무리할 수 있다면, 정말 그럴 수만 있다면

   시린 어금니를 혀끝으로 간신히 쓸며 당신은 대답한다.

   "나는 너의 반려인간이었던 적도 없고, 너의 장례식에 초대받지도 못했으며, 심지어 너의 이름도 모른다. 그러나 이것만큼은 단호하게 말해 줄 수 있다."

   말을 이으며, 당신은 끝내 조잡한 플라스틱 키링처럼 울먹인다.

   "서른이 되기도 전에 죽은 너는 온갖 인간들이 너의 죽음 앞에 던진 눈물과 추문과 웃음 등을 반복 재생하며 심연을 떠돌고 있단다. 우주로 송신된 바람에 별자리처럼 아름다운 영원이 되었지만 그 탓에 상대에게는 전혀 닿지 못한 사랑 고백처럼, 그렇게 떠돌고 있단다."

   얼마 안 있어 윙윙거림은 사라지고, 어금니 통증도 사라진다. 허나 내일이 오늘처럼 아름답고 완벽하게 실패할 것

임을 확신할 수 없기에, 당신은 오늘과는 완전히 다른 루틴을 준비해야만 한다.

 왜냐하면 당신은 언제까지고 소녀a의 죽음을 이용해 쓸데없는 망상을 즐겨야 하기 때문이다. 우스꽝스럽고 부질없는 거짓말을 끊임없이 늘어놓아야 하기 때문이다. 그래야만

이 세계가 소멸되더라도 우리는 영영 기억될 테니까

° 미국 드라마 <유포리아> 시즌 2 에피소드 3에 등장하는 인물. 등교하기 3시간 전에 일어나 자신만의 모닝 뷰티 루틴을 철저하게 지킨다.
∞ 나카모리 아키나, <소녀a>.

3부

이런 이야기 하지 말까

그런데 내게는 딸이 있다

그렇고말고, 내 딸은 태어나서 단 한 번도 나를 실망시킨 적이 없지. 내 딸은 철자 R을 정확하게 발음하던 금발의 레베카를 쏙 빼닮았거든! 이제는 다시 오지 않을 행복한 그 시절, 나는 찢어진 속옷에 딱 한 방울의 피를 묻혀 레베카에게 보냈고, 레베카는 한 움큼 뽑아낸 금빛 머리칼을 아름다운 답장과 함께 보내 주었지. 우리는 서로를 견딜 수 있을 만큼만 아팠고, 서로를 용납할 수 있는 만큼만 미쳐 있었단다. 한데 어느 날, 더는 내게 뽑아 줄 머리칼이 없다는 사실에 레베카는 대책 없이 아프고 처절하게 미친 사람이 되고 만 거야. 나는 레베카를 위해 천 마리의 종이학을 접기 시작했지, 천 마리 알록달록한 학이 완성되면 레베카는 반드시 돌아올 거라는 믿음을 빼곡히 담아서. 마침내 천 마리의 학을 완성한 바로 그날, 레베카는 마치 기다렸다는 듯 죽고 말았는데…… 내 딸은 지금 뭘 하고 있냐고? 천 마리의 색 바랜 종이학을 하나하나 펼친 뒤 그 안에 색색의 바늘을 집어넣어 월남쌈을 마는 중이야. 엄마를 위해 맛있는 점심을 만들어 준다나 뭐라나? 정말이지. 솔직하게 고백할게. 내 딸은 레베카만큼 균형 잡히게 아프지도, 지적으로 미치지도 않았단다. 오히려 머저리에 가깝지. 조만간 꼴도 보기 싫은 저 다갈색 머리칼도 금발로 염색할 작정이야. 이

래저래 손이 많이 가는 녀석이라니까? 성가시기 짝이 없어. 그나저나 친애하는 나의 알리스, 혹은 아리스, 어쨌든 앨리스

 지금 무슨 말을 하는 거야? 세상에 딸이라니, 그토록 완벽하고 끔찍한 존재가 나에게 있을 리 없잖아!

자두 정말 맛있다

 기묘하게 생긴 과도로 톡, 두들기자 새빨간 자두가 기지개를 켰다 만약 내가 깨워 주지 않았다면 구겨진 박스 안에서 천년이고 만년이고 잘 뻔했다며 한숨을 내쉬더니 자두는 말했다 "보답으로 소원 하나를 들어줄게"

 숲속의 공주님처럼 잠들어 있는 오드라덱이 너처럼 새빨갛게 깨어났으면 좋겠다고 말했어야 했는데 나도 모르게 그만 "너무 배고프고 피곤하고 슬프고"

 말이 끝나기도 전에 입안이 최상품 로열 햇자두로 가득 찼고, 순간 이제 오드라덱은 영영 깨어날 수 없게 되었구나, 완전히 끝장나고 말았구나! 화들짝 깨닫고는 눈물이 샘솟았지만 이 자두 정말 맛있네……

 뭐야, 이 모든 사태가 전부 내 탓이야? 이 모든 사태의 결과를 전부 내가 책임져야 해? 응, 이라 대답해 주길 모두가 간절히 원하니 기꺼이 응, 이라 대답은 해줄게 하지만 오드라덱인지 뭔지 때문에 평생토록 배고프고 피곤하고 슬프고 괴롭고 우울하고…… 그럴 순 없는 거잖아, 그런 거잖아

라이크 어 프릭쇼

 드디어, 엄마를 남김없이 벗겨 내 최고급 양문형 냉장고에 처넣었어! 엄마가 모조리 벗겨진 탓에 노출된 나의 뼈와 근육과 멘탈과 그 외 등등이 온갖 통증을 호소하지만 시발, 알게 뭐람?

 또, 또! 우리 엄마, 온 세상이 떠나가라 이를 부딪치며 난리법석을 피운다! 마음대로 하셔요 이제 나는 폭포수처럼 자란 머리를 숏컷으로 자를 거고 바삭한 크루아상에 라꽁비에뜨 가염 버터를 잔뜩 발라 먹을 거고, 피낭시에와 초콜릿 퍼지와 소금빵도 한입 가득 털어 넣을 *우지끈콰과광!*

 기어코 냉장고를 때려 부순 엄마가 성에 가득 낀 눈으로 나를 노려본다! 누가 나고 누가 엄마인지 구분할 수 없을 정도로 꼼꼼하게 엉겨 붙기 시작한다! 안 되겠다, 이번에는 엄마를 고기 분쇄기에 넣어 영혼 한 방울까지 갈아 버려야지 그런데 엄마는

 그거 알아? 엄마는 내게 여름철 초파리보다 성가시고, 때문에 엄마가 사라지자마자 유발된 새빨간 통증 따위 오히려 황홀할 뿐이고, 그럼에도 또다시 나를 옭아맨 엄마가

진절머리 나, 이 자리에서 혀 깨물고 콱 죽고 싶어 그런데 엄마는

 아늑하고 포근해서 견딜 수 없는걸 어째서 엄마는 나를 더 깊숙이 옭아매지 못하는 건지 어째서 날이 갈수록 내가 벗길 때마다 바로 벗겨져 버리는 건지 이제는 우리 엄마가 참말로 나이를 먹어 버렸구나 흐어엉 눈물이 난다 사실 나, 긴 머리 따위 성가시지 않아 맛있는 디저트 같은 거 1도 관심 없어 그러므로 엄마, 너는 절대로 나를 벗어나려 하면 안 돼요 그러기만 해봐 그땐 진짜로 혀를 콱!

사바 소바

 우리 아가가 구운 고등어를 곁들인 메밀소바를 먹었으면 좋겠구나. 메밀은 더러워진 피를 맑게 해줄 뿐만 아니라 체중 관리에도 아주 효과적이거든. 한데 아가는 지극히 해로운 꽈배기약과도넛만 꾸역꾸역 먹고 있구나. 날이 갈수록 뒤룩뒤룩 살이 찔 거고 기분 나쁘게 기름져질 것이며 필연적으로 당뇨와 고지혈증을 앓게 될 아가의 운명이 참으로 안쓰럽다. 나는 아가를 너무나 사랑하므로, 아가 인생의 유통기한을 내가 정할 수만 있다면 그 기한을 만년으로 하고 싶을 정도건만.

 아가는 대체 어디서부터 잘못된 것일까? 그래, 이게 다 고등어 신께서 이 세계에 도래하지 못한 탓이다. 이 앙큼한 것아, 어째서 모르는 척 시치미를 떼니. 지난날 빈 교실에서 나와 함께 했던 분신사바 의식을 잊은 거니? 맙소사, 아가는 완전히 잘못 알고 있단다. 분신사바는 잡귀를 불러 미래를 점치는 놀이 따위가 아니란 말이다. 분신사바는 바로 위대한 사바さば 신을 혼탁하기 그지없는 사바娑婆 세계로 불러들이는 아주 위험하고도 무서운 의식이란 말이다. 찬란하게 등 푸르고 기름진 그분께서 그날, 풍요로운 비린내와 함께 이 세계에 강림하셨더라면 아가는 분명 한 마리 어

린 짐승처럼 건강해졌을 터인데. 아가가 이렇게 된 건 모두 내 탓이다. 빈 교실에서 치렀던 의식에서 내 마음은 영 고르고 정갈하지 못했으니…… 하지만 위대한 고등어 신께서 이 세계에 도래할 날이 머지않았다는 사실만큼은 절대적인 진리이자 진실이며 그토록 영광스러운 날을 맞이하기 위해서라도 아가, 너는 결단코 살아남아야만 한다. 그러니 제발 꽈배기약과도넛 대신 나를 먹어 치우렴. 나는 등 푸르게 기름지고 비타민 D와 무기질이 풍부한 동시에 거부할 수 없는 절대적 매혹이니, 어서 크게 입을 벌려라, 어서!

명랑 마법 소녀

 내 이름은 ♡♡! 나이와 애인 유무, 쓰리 사이즈는 순백의 변신복 아래 철저히 감추어 두었지! 어느 날 마른하늘에서 날벼락처럼 떨어진 핑크 하트 어택 핸드폰을 이용해 마법 소녀 ★★로 변신할 수 있게 되었어! 그건 그렇고 니꼴라이 너는 어째서 이다지도 굼뜬 거야? 아이 참!

 (여기서 잠깐! 니꼴라이, 그는 누구인가) (10년 동안 어둠의 오라가 뿜어지는 독서실에서 9급 공무원 시험을 준비하다가 결국 어둠과 완전히 융합해 버린, ♡♡의 하나뿐인 오빠다) (주말마다 엄마와 여동생에게 김치볶음밥을 만들어 주었던 다정한 니꼴라이) (이제 니꼴라이는 엄마와 여동생을 향해 궁극의 강철 코딱지와 총알보다 빠른 배꼽 때를 튕기며 사시사철 음습하게 굴 뿐이다) (하지만 남매의 엄마는 비위가 몹시 좋은 사람) (이런 니꼴라이를 온몸으로 껴안는 것도 모자라 니꼴라이의 코딱지와 배꼽 때를 살구 씨처럼 빚어서는 본인부터 한 움큼 먹고) ("우리는 오늘부로 생을 마감해야 한다. 그래야만 내 아들이 살 수 있다고 보살님이 말씀하셨다") (♡♡에게도 한 움큼 먹이려는데) (그 순간, 마른하늘에서 날벼락처럼 떨어진 핑크 하트 어택 어쩌고저쩌고)

자, 이제 그만! 내레이션이 쓸데없이 길어진 점 진심으로 사과할게! 이제부터 마법 소녀 ★★는 엔젤 크리스털 요술봉을 휘둘러 이 세계를 구하고 모두의 추앙을 받은 뒤 사랑하는 동료들과 함께 딸기 파르페를 먹으러 갈 거야. 그동안 니꼴라이, 너는 이 선택지 중에 하나를 선택하렴.

   1. 기어코 네 어둠을 삼킨 엄마처럼
      너 역시 기꺼이 어둠을 삼키기
   2. 기꺼이 널 위해 산화한 엄마처럼
      너 역시 기꺼이 산화하기

이 외에 다른 선택지는 없으니 신중히 골라야 해? 하나뿐인 내 아들아?

괴산

 도무지 날것으로 먹을 엄두가 나지 않아 달궈진 프라이팬에 오토토와 파파와 마망을 노릇노릇 구운 뒤 단숨에 삼켰지만 너희들은 내 위장을 성실하고 반듯하게 긁었다 나는 결국 너희들을 토해내야 했고 침과 위액으로 반들반들해진 너희들은 "이토록 사랑스러운 날에는 소풍을 떠나야지!" 나를 88년도산 프라이드에 구겨 넣고는 구식 메트로놈처럼 똑딱똑딱 웃었다

 "돈벌이도 못 하고, 나잇값도 못 하고, 깔끔하게 죽지도 못하고." 끙끙거리는 내게 오토토가 파파를 불쑥 내밀었다 3분의 1쯤 먹어 치운 쭈글쭈글한 파파를 뱉어 내 한 달 전부터 쓰고 있던 시의 첫 행에 끼우자 활자를 죄다 마셔 버린 파파가 "사람들에게 꿈과 희망을 주는 글은 쓰지 않고 지금 같은 글을 쓸 바에는 이 자리에서 자결해라!" 천둥처럼 트림했다

 파파의 입 냄새에 기절한 구름들이 흐린 딸꾹질을 해대고 "마흔 살이 넘어도 장애 없는 건강한 아이를 낳더라니까? 너 아직 늦지 않았다니까?" 흐린 딸꾹질에 신나게 리듬을 맞추기 바쁜 마망은 어린 시절 계단에서 굴러 생긴

무릎의 흉터처럼 도대체가 지워지질 않아, 나는 그저 "죽여 줘……" 수동적으로 중얼거릴 뿐인데

 갈대 사이 웅크려 있던 전봇대가 이쪽을 향해 필사적으로 손짓했지만 *"나의 집, 즐거운 나의 벗, 내 집뿐이리, 내 집뿐이리!"* 너희들은 토사물 같은 노래나 목청 터져라 불러 댈 뿐이고, 마침내 나는 차창 밖으로

 아주 기이이이이이일게 고개를 내밀었다 세상에서 가장 외로운 전봇대와 세상에서 가장 폭력적이고 야한 키스를 어서 빨리 나눌 수 있기를, 그래서 이 모든 장면을 목격한 너희들이 그 자리에서 까무러치기를 죽음만큼 바라면서

어른의 소꿉놀이

 거절당한 연서처럼 구겨진 내가 정말이지 수치스러워, 내 몸에 당장이라도 불을 지르고 싶지만…… 언제나 나만 생각하고 나만 사랑해 주는 나의 유모, 오늘 먹은 음식을 옥구슬 굴러가는 은쟁반 위에 게울 수 있도록 도와줄래? 게워 내는 횟수가 늘어날수록 나를 최고급 오동나무로 만든 거문고처럼 훌륭하게 타는 어머니와, 그 가락에 맞춰 춤을 추는 아버지가 터무니없을 정도로 예뻐서, 나는 그런 두 분을

 갓 구워 낸 기왓장으로 짓이기고 싶지만…… 유모, 더 깊숙한 안쪽까지 깃털을 밀어 넣어야지. 좀 더, 좀 더…… 맙소사, 유모! 별안간 내 안에서 쏟아진 이것을 봐! 상아처럼 흰 피부와 홍옥처럼 붉은 눈을 가진 이것을 보란 말이야! 유모, 오직 내 힘으로 창조한 내 아이를 내 품에 안겨 줘, 투명하고 순진한 웃음을 흘리는 내 아이에게 무한히 입 맞추고 싶은데…… 둥글넓적 우스꽝스럽게 생긴 저건 뭐지?

 "나는 아홉 살 때부터 산스크리트어를 공부했고 그리하여 차기 주지 스님이 될 운명이었거늘, 그대를 보자마자 그만 직감하고 말았지, 그대가 나와 함께 죽어 줄 오직 단 한

사람이란 사실을. 그대와 나의 죽음은 수많은 이들에게 길이길이 기억될 것이며 역사의 한 귀퉁이를 장식하게 될 것이오."

 유모, 어디 있어? 개새끼, 소새끼, 말새끼, 아무튼 내가 알고 있는 모든 새끼를 던져도 철 지난 하오체를 쓰는 이 미친놈, 전혀 말을 멈추지 않아! 오히려 잔뜩 신이 나서는, 잠든 내 아이를 빼앗아 있는 힘껏 짓뭉개 버리네? 게다가 유모, 유모의 검고 풍성한 머리채까지 사정없이 낚아채어서는

* * *

 모든 근심과 걱정을 고이 접어 푸른 하늘로 날려 버리고, 넓은 소맷자락에 넣어 둔 청동면경에 내 얼굴을 한 번 비춘 뒤, 동글동글 넓적넓적한 것에게 유황불을 들이부으며 설탕간장 듬뿍 발린 당고처럼 속삭인다.

 "하찮고 수다스러운 조약돌 씨. 아무것도 시작하지 못했는데 모든 게 끝장나 버린 내 아이와 언제나 나만 걱정하던

유모를 애도하며 우리, 눈부실 정도로 불타올라 봅시다. 낭만적이고 예쁜 자해를 방패 삼아 풍족하게 살던 나도, 머리부터 발끝까지 끔찍한 자의식이 발라진 조약돌 너도, 징그럽게 고루한 세기에 못 박혀 영원히 즐거울 어머니와 아버지도, 기록될 가치 따위 쥐뿔도 없는 이 세계도"

"지긋지긋하지? 그러니 어서, 너와 나 지금부터 마음껏!"

놀러 와! 미미 이층집

☠ 문을 열면 예쁜 이층집으로 변해요! ☠

무지개송어가 듬뿍 든 파이가 오븐 속에서 익어 가는 동안, 우리는 석류색 원피스로 재빨리 갈아입었단다 리본과 귀걸이와 브로치와 메리제인 구두도 전부 석류색으로 맞췄지!

세상에서 가장 사랑하는 내 친구들아, 지독하게 아끼는 내 사람들아 **우리** 보니와 클라이드처럼 내일 따위 없다고 생각하고 이 순간을 끝장나게 즐기자…… 잠깐만, 잠깐만

멀뚱멀뚱 멍청한 얼굴로 이쪽을 바라보고 있는 너
그래, 바로 너 말이야

한 달 전부터 계속 **우리**가 되고 싶다며 더럽게 눈치를 주더니 **우리**가 될 수 있다면 죽어도 여한이 없을 거라며 울지를 않나, 어제는 **우리** 따위가 뭐 그리 잘났냐며 **우리는 우리** 때문에 망할 거라고 소리치더니

>

 기어코 여기까지 찾아왔네? 그렇게 **우리**가 탐나면 네가 직접 **우리**를 만드시던가요 그럴 능력도, 재능도 불개미 똥구멍만큼도 없는 주제에 여기가 어디라고 기어들어 와 감히?

 그래, 그만하자 소중한 **우리**의 기분만 나빠질라! 모두들 어서 이리로 와, 오랜만에 부루마블 게임이나 한 판 하는 게 어때? 아니 그런데

 이 게임에서 가장 중요한 주사위를 그만 깜빡하고 말았네? 앙큼상큼깜찍 공주가 깜빡 실수했다! 다정하고 물러 터진 내 사람들아 정말 미안해 하지만 걱정 마!

 여전히 안절부절못하고 거기서 서성이는
 그래, 바로 너 말이야

 정말 **우리**가 되면, **우리**가 될 수만 있다면 죽어도 여한이 없겠니? 네가 함부로 내뱉은 그 말, 함부로 책임질 자신이 있니? 과연 그럴 용기가 있다면 너에게 단 한 번의 기회를

줄 테니, 사랑스럽고 선한 내 사람들아, 다 모였니?

 주사위를 대신할 예쁜 것을 드디어 찾았어! 대책 없이 마구잡이로 굴린 탓에 이 예쁜 것이 처절하게 망가져도 **우리**는 아무런 책임 따위 지지 않아도 된단다 모든 책임은 이 예쁜 것이 질 거니까 안심하도록! 이제부터 진짜 게임을 시작하자!

♥ 문을 닫으면 핏빛 이층집으로 변해요! ♥

21세기의 포크로어

 "날 따라오면 미미를 되살릴 수 있어" 그렇게 말하며 내 손목을 덥석 그러쥔 사람은 갓 부임한 미술 선생님이었다 "이 씨발년아!"를 단물 빠진 껌처럼 내 뺨에 붙여 대던 기열이가 기어코 두 동강 내버린 다정한 내 친구 미미를 막 묻어 주던 참이었다

 "먹어 봐, 제법 근사한 맛이 날 거야" 쉰 막걸리와 두부 김치 냄새가 뒤섞인 선생님의 목소리가 갓 개봉한 우유 팩 안으로 떨어졌고 그날 이후 툭하면 미술실로 달려갔지만 내 친구 미미는 도통 되살아나지 않았다

 마을 어르신들의 논쟁이 비엔나소시지처럼 통통하게 익어 가는 여름의 한복판에서 "내가 쏟아 내는 색깔도 선생님이 쏟아 내는 콧바람처럼 찐득찐득한 빨강이에요! 물론 나는 선생님처럼 위가 아닌 아래에서 쏟아지지만!" 내가 비명처럼 말하자 흰 수염을 바닥에 질질 끌며 걸어온 이장님은 내 몸 구석구석을 즐거워 죽겠다는 표정으로 도려 냈다

 너덜너덜해진 눈꺼풀을 간신히 치켜뜨자 온 마을 사람

들이 나를 둘러싸고 주술도 뭣도 아닌 노래를 부르고 있었다 부모님과 미술 선생님은 따뜻한 석유를 내 몸에 조청처럼 끼얹었고 마을 사람들이 하나둘 쏘아 올린 환호성이 밤하늘을 두텁고 끈적끈적하게 오염시켰다

  나를 둘러싼 채 커다란 원을 그리는 마을 사람들이 터뜨리는 폭소가 *(더럽혀진아이는죽어야해)* 부모님의 감정 없는 흐느낌이 *(더럽혀진아이는죽어야해)* 미술 선생님의 낯간지러운 신음이 *(더럽혀진아이는죽어야해)* 온 신경을 뿌리까지 고소하게 태우기 직전

  차가운 땅속에서 드디어 눈을 뜬 미미가, 다정한 비명을 내지르며, 두 동강 난 몸뚱이를 칼날처럼 이끌며 이쪽으로, 기어코 이쪽으로!

한겨울의 수박

 문득 참을 수 없이 지루해졌고, 나와 한겨울은 사탕 하나를 반으로 쪼개 나누어 먹었다. 오늘따라 한겨울의 콧노래는 맺힌 곳 하나 없이 부드럽고, 그러자 한 치의 부끄러움 없어 보이던 하늘이 고장 난 지구본처럼 돌아가기 시작했다. "무슨 소릴 지껄이는 거야 바보야." 한겨울은 여느 때처럼 투덜거리며 남은 사탕을 삼켰고, 나 역시 익숙한 갈증을 느끼며 입을 다물었다.

 근처에 있는 수돗가로 걸어가면 얼마든지 시원한 물을 마실 수 있지만, 나는 단 한 번도 수돗가로 걸어가 물을 마신 적이 없다. 나는 아무것도 하지 않는다. 사실 아무것도 하고 싶지 않지만 "재미있는 이야기나 해줘, 바보야." 한겨울이 또다시 투덜거리므로

 재미있는 이야기라. 그래, 한겨울이 사람이 아니라 계절이라면 얼마나 좋을까, 종종 생각하곤 해. 왜냐하면 툭하면 토라져 뱃가죽을 청개구리처럼 부풀리는 한겨울을 견디는 건 너무나도 성가신 일. 고전 슬래셔 무비를 보며 내 여덟 손가락을 오징어 버터구이처럼 질겅이는 한겨울을 견디는 건 정말이지 짜증 나는 일. 그럼에도 불구하고

　"지난겨울 일조량 부족으로 수박을 재배하는 농민들의 근심은 깊어져만 갑니다. 이상기후에 따른 과일값 폭등은 필연적으로 보이는데요." 언제 켜놨는지도 모를 라디오에서 오후 뉴스가 흘러나오고, 한겨울은 최근 자신이 보고 있는 추리 드라마에 대해 떠들기 시작한다. 지루하게 늘어지는 한겨울은 결코 끝날 기미가 보이지 않고

　누군가 내 가슴에 꽂힌 나이프를 조용히 뽑아 주기를° 간절히 바라며, 나는 수박 맛 사탕을 익숙하게 반으로 쪼갠다.

° KinKi Kids, <키스부터 시작하는 미스터리>.

순간의 맛

탁자 위에는 먹음직스러운 순간들이 견고하게 구워져 모락모락 김을 내뿜고 있다. 하지만 이 순간은 그냥 먹기에는 너무 딱딱해, 누군가 먹기 좋게 잘라 주었으면! 개처럼 허기진 눈초리가 순간 위로 쌓이고 그럴수록 순간은 더욱 견고해져 간다.

인생에도 색채가 있다. 네 인생은 먹이를 꼭 쥔 다람쥐의 두 발 같은 색이구나, 라고 내게 말해 줬던 그녀는 지금 어디에 있나.

빨주노초파남보 풍선을 양손 가득 쥔 채 그녀와 초코바닐라 아이스크림처럼 미소 짓던 순간, 나는 그 순간을 잽싸게 잡아채 베이킹파우더로 부풀리고 또 부풀린 뒤 버터를 바르고 소금까지 뿌려 양껏 베어 물었는데

동물의 바싹 마른 가죽색 같은 의심이 머리카락처럼 씹혔고 나는 입안에 든 순간을 재빨리 뱉었다. 잇자국이 박힌 순간 위로 "머리카락을 삼킬 순 없어!" 외마디 비명이 유통기한 지난 시럽처럼 뿌려졌다.

>

인생에도 색채가 있다. 네 인생은 죽은 쥐의 윤기 없는 가죽색이구나, 라고 내게 말해 줬던 그녀는 도대체 어디에 있나. 내 인생은 탁자 위에서 딱딱하게 굳어만 가는데.

견고하게 구워져 모락모락 김을 내뿜는 순간의 덩어리들, 하지만 이 순간은 그냥 먹기에는 너무 딱딱해, 누군가 먹기 좋게 잘라 주었으면! 개처럼 허기진 눈초리가 순간 위로 끝도 없이 쌓이고, 그럴수록 순간은 죽음보다 더 견고해져 간다.

빵과 햇살, 하이볼과 함께하기 좋은 날

 우연히 마주친 오후 4시 44분에는 부드럽고 몽글몽글한 사와가 달라붙어 있었다…… 사실 이걸 무어라 불러야 할지 도통 몰라서, 지금 마시고 있는 레몬사와에서 대충 이름을 따왔다. 여하튼 나는 사와를 앤티크 보석함에 담았다.

 묵직해진 보석함을 흔들자 서로의 이를 잡아 주는 원숭이들처럼 다정한 냄새가 피어오르고, 부엌 한구석에서 재잘대던 햇살 무리가 이쪽으로 달려온다. 이걸로 무얼 하면 좋을까? 내가 미소 지으며 말하자 온갖 속삭임이 자몽 알맹이처럼 터져 나온다.

 보석함에 든 그것으로 단장하세요! 어서 보석함을 버리세요! 그것만이 당신을 배신한 그 사람에게 할 수 있는 유일하고도 확실한 복수! 유일하고도 확실한 복수 따위는 이 세상에 없어요! **당신은 그것을 바르면 몹시 아름다워질 수 있어요!** 아니, 당신은 그것을 바르면 몹시 흉측해질 거예요!

 나는 유일하고도 확실하게 떠오르는 그 사람의 이름을 햇살 무리의 입에 물려 주고는 보석함으로 우아하게 손을

뻗는다. 각질이 허옇게 일어난 입술과 징그럽게 튼 허벅지 살에 사와를 듬뿍 바르자 다시, 속삭임이 들려오고

자, 여기서부터 문제입니다! 에로스의 아내 프시케는 시어머니인 아프로디테의 명을 받아 지하의 왕비 페르세포네에게 단장료가 든 상자를 받아 오던 도중, 단장료가 든 상자를 절대로 열어 보면 안 된다는 시어머니의 말씀을 어기고 상자를 열었는데요, 사실 상자 안에 든 것은 영원한 잠, 죽음의 씨앗이었답니다.

자, 여기서부터 진짜 문제입니다! 어이쿠 저런, 그 자리에 쓰러지고 만 당신은 그 후 번쩍 눈을 떴을까요? 아니면 영영 눈을 뜨지 못했을까요? 5초의 기회를 드립니다!

4부

모두가 다 예쁜 B**ch

하늘에서 내리는 일억 개의 찌그러진 맥주 캔

 그 사람이 무심코 중얼거리더라구 "넓적다리 고기가 먹고 싶다" 그 사람이 누구냐고? 알을 깨고 나온 아프락사스도 모르고 사납도록 아름다운 히스클리프도 모르고 아무튼 쥐뿔도 아는 게 없지만 그래서 깨물어 먹고 싶을 만큼 깜찍한 내 애인이잖아 바보야! 어쨌든 나는 그 사람을 위해 이 세상에 존재하는 넓적다리란 넓적다리는 죄다 구매했지 하루도 쉬지 않고 기름 냄새 밴 연기를 피워대는 나를 견디다 못한 윗집이 경찰에 신고했지만 그저 기뻤어, 참다못한 아랫집이 내 목에 식칼을 들이밀었지만 마냥 신났어 내 선물을 받고 무지막지하게 감동한 그 사람이 내게 물어뜯듯이 입 맞춰 줄 걸 떠올리면, 매끄럽게 흐른 피가 착색된 예쁜 내 입술을 떠올리면 아무래도 상관없었고 아무래도 괜찮았어 하지만 이 모든 기쁨은 어느 날 산산조각 나고 말았지 그 사람이 "제발 이러지 마세요!" 내가 준비한 선물을 끝끝내 거절하더니 집 안의 모든 창문이 깨질 정도로 크게 문을 닫아 버렸거든…… 깨진 유리 조각만큼 수많은 생각을 하다가 마침내, 나는 가장 크고 날카로운 유리 조각으로 왼쪽 넓적다리를 큼지막하게 베어 냈지! 유독 하체만 발달해서 우스꽝스러운 나의 체형이 그날만큼은 어찌나 자랑스럽던지! 베어 낸 넓적다리에 리본까지 달아 깨진 창 너머로 던지기 무섭게 그 사람이 **꺄아아아악** 비명을 터뜨리더라구? 그건 마치 행복 그 자체를 구현한 듯한 비명이었지! 앞으로 인생에 괴로운 순간이 찾아올 때마다 그날 들었던 비명을 떠올리며 씩씩하게 극복할 거야! 오늘따라 유달리 맥주가 꿀떡처럼 넘어간다 맛있는 안주랑 함께 마시면 더 꿀떡처럼 넘어갈 텐데 어쩜, 너희 집에는 먹을 게 벼룩의 간만큼도 없냐? 근처 편의점에서 완벽하게 짭짤하고 딱딱한 크래커랑 네 개에 만 원 하는 세계맥주 열두 캔만 사다 줘 뭐라고? 내 말을 꾸역꾸역 들어 주느라 모든 기운을 소진한 나머지 만성 치질이 재발했다고? 그래서 화장실에 다녀올 때마다 구멍에서 철철 피가 흐르니까 이제 제발 내 집에서 꺼져 달라고? 그토록 쓸모없고 나약한 구멍 따위, 천 원짜리 지폐 다발로 단단하게 막아 줄 테니 어서 편의점이나 다녀오세요

알코올 홀릭 원더랜드

 월요일은 오랜 세월 불면증에 시달렸고, 월요일은 맥반석 오징어처럼 비린데다 질깃하고, 월요일에게는 대화를 나눌 수 있는 사람도, 동식물도, 인공지능도 없으므로 동동주를 마신다. 화요일은 툭하면 짝짝이 양말을 신고, 화요일은 하나뿐인 애인이 자신의 전화를 10초 안에 받지 못했다는 이유로 하나뿐인 애인을 살해하고 싶지만, 화요일은 감자칩처럼 툭하면 부서지기 일쑤라 하이볼을 마신다. 수요일은, 수요일은 머리 위에 핀 하얀 목련처럼, 어린 날의 분홍색 에나멜 구두처럼 작고 여려질 때가 많다. 그래서 수요일은 걸핏하면 죽고 싶지만 죽고 싶다고 말하는 순간 모두에게 미움받을 것이 죽는 것보다 두렵고, 두려움은 황금비로 몸을 바꾼 신처럼 수요일을 축축하게 적시지만 수요일은 신화 속 여인처럼 임신할 일이 없으므로 레드와인을 마신다. 모래성처럼 허물어진 채, 수요일은 와인의 그윽한 향 따위 음미하지 않는다. 월화수와 달리 목금토일은 언제나 즐겁고 놀랍도록 사려 깊으며 대체로 경쾌하고 사시사철 정중한데, 이토록 미덕투성이인 목금토일을 실망시키고 싶어서 다름 아닌 내가, 바로 내가 생맥주를 마신다. 그러므로 *딸꾹(끅) 질난다미치겠다아직(끅끅끅)12잔밖에못마셨는데(끅!)*

너는 나 없으면 아무것도 못 하지?

초콜릿으로 지저분해진 너의 입가를 다정하게 훑으며 "내가 안 챙겨 주면 입가에 먹고 마신 거 죄다 묻히고, 아침에 제대로 눈도 못 뜨고……" 너는 대답 대신 내 손가락을 갓난아기처럼 쪽쪽 빨고, 그러자 견고한 행복이 너와 나를 까르띠에 러브 팔찌처럼 옭아맨다. 두 눈 가득 눈물이 고이고

빛바랜 10년 전으로 장면은 급격히 전환되는데

툭하면 나에게 뚱뚱하고 기분 나쁜 계집애! 소리치며 펄립글로스가 반짝이는 입술로 내 몸과 마음을 딱, 딱 분지르던 그 애가

종이 인형 모가지 찢기를 좋아하고 사내 녀석들이 공주병이라고 놀릴 때마다 사내 녀석들의 면상에 인조 손톱을 박박 세우던 그 애가 "우리 집 대문 앞에 으깨진 살점과 찢어진 부적이 나뒹굴고 있어!" 비명과 함께 사라져 버린 지 딱, 49일째 되던 날

그 애가 마지막으로 목격되었다는 철길에서 그 애를 목

놓아 부르던 내 앞에 너는 깜짝 선물처럼 나타났지, 허겁지겁 끌러진 푸른 리본 같은 머리칼로 나를 휘감으며. 그러자 칼날 같은 빗줄기와 포탄 같은 우박이 쏟아졌고, 청결하고 무해했던 마을은 끝없는 공포 속으로 침수되었다. 있는 힘껏 너를 끌어안으며 "지금 당장 죽고 싶을 만큼 행복하다!"

  너무나도 당연해 지루한 말을 내뱉는 나를 보며 너는 새까맣게 웃었던가? 갈비뼈가 바스러질 때까지 나를 끌어안았나? 아냐, 그게 뭐가 중요해 어차피 너는 "나 없으면 아무것도 못 하지?"

  네 목소리를 낡은 워크맨에 녹음해 밤마다 즐거운 시간을 보냈을 때도, 네가 버린 종이 인형 모가지를 쓰레기통에서 찾아내 모조리 씹어 삼켰을 때도, 네 손톱자국이 가득한 사내 녀석들의 피부를 죄다 뜯어냈을 때도, 자신을 내친 애인에게 복수하기 위해 철길 위에서 색종이를 자르듯 싹둑! 목숨을 자른 막내 이모가 한가득 묻어 있는 부적을 너의 집 대문 앞에서 찢으며 나 역시 싹둑! 잘려 나가던 그 순간에도

  "너는 나 없으면 그 어떤 짓도 할 수 없지?"

지구와 혜성이 충돌해서 우리를 제외하고 다 죽었어

 피가 얇고 쫀쫀하고 소가 꽉 찬 만두를 오조 오억 개쯤 먹고 싶다…… 먹어도 먹어도 도무지 줄어들지 않는, 오히려 먹으면 먹을수록 허기만 지는 그런 만두를

 당신: ¥Å₵?

 활처럼 아슬아슬하게 휜 내 식욕에 금박을 입혀 줄 장인을 상시 모집합니다, 금빛으로 번쩍이는 내 식욕을 당신의 휑한 방에 전시해 줄 큐레이터 또한 절찬리에 모집합니다, 사례는 넘치도록 할 테니 모쪼록 많은 관심을

 당신: ¥Å₵♀♂○※!

 어쩜 좋아, 당신이 늘 바르는 딸기우유색 립스틱이 묻은 만두가 먹고 싶어서 미치겠다! 분홍빛 얇고 쫀쫀한, 통통하고 속이 꽉 찬 당신을 하나도 남김없이 먹어치우고싶다너무나도

 당신:₵ ℃Å♂♀※☆★……○●◎◇■▼!!!!

당신도 참, 잘 빚은 만두 같은 당신 손을 그러쥘 때마다
전력을 다해 내게서 도망치는구나!

하지만 말이야 이젠 도망쳐 봤자 아무 소용없어
왜냐하면 말이지, 조금 전에 :)

죽고 싶으니까 떡볶이 먹자

 배가 고프고 떡볶이 먹고 싶다. 벌건 양념이 밴 정성과 중국 당면, 부드럽고 쫀득쫀득한 사랑과 혼합 치즈가 잔뜩 들어간 떡볶이가 먹고 싶단 말이다.

 부드럽고 쫀득쫀득한 내 사랑을 혈관에 주사하자마자 실어증에 걸려 버린 인간이 생각난다. 아니, 어쩌면 그건 인간이 아니라 베개였는지도 몰라. 아니, 어쩌면 그건 비누 꽃이었을지도 *몰라몰라기억을떠올리는건참으로성가시고 짜증나는일이야!*

 하지만 의문이 들 수밖에 없단 말이야. 그것은 어째서 말을 잃어버린 건지, 그것도 모자라 곰팡이 핀 장롱 속으로 기어들어 가버린 건지! 혈관 가득 퍼진 내 사랑이 죽도록 좋았다는 건지, 죽도록 끔찍했다는 건지 말 한마디 정도는 해줄 수 있었을 텐데? 어느 쪽이든 내게 대답만 해주었다면 나는 기꺼이 기가 막히게 죽어 주거나 기가 막히게 죽여 줬을 텐데?

 이 미친놈, 잠자리 날개를 김 가루처럼 부수는 짓은 그만두고 어서 이쪽으로 와! 정말이지 절망스럽다, 수백 개의 혈관 가득 퍼진 내 사랑을 견딜 수 있는 것이라곤 고작 내 눈치나 살피며 실실 웃는 이것뿐이란 사실이. 차라리 그것과 함께 장롱 속으로 영영 들어갈걸 그랬나 봐…… 배가 고프니까 계속 헛소리만 튀어나온다.

   너, 한도 없는 카드 챙겨서 어서 이쪽으로 와, 그리고 나에게 "죽도록 사랑해!" 이 세계가 와장창 깨질 때까지 소리쳐 봐. 나는 깨진 세계의 날카로운 끝으로 네 복부를 가르며 "그럼 죽어."° 아주 간결하게 대꾸할 테니, 그런 뒤 이 세상에 존재하는 모든 토핑을 추가한 떡볶이를 주문할 테니.

  ° "죽도록 사랑해!/그럼 죽어.": 이토 준지의 단편 만화 「사자의 상사병」 중에서.

#여름이었다

나의 봉봉오쇼콜라아니핑크젤라캣버니아니알보칠아니 아리스는 내가 아리스를 망가뜨릴 때마다 기쁨에 겨워 자지러진다. 나는 그런 아리스가 싫어서, 아니 좋아서, 어떻게 하면 더 효율적으로 아리스를 망가뜨릴 수 있는지 골몰하느라 매 순간 분주한데

투명하고 쫀득한 아리스의 눈동자는 어느덧 이 세계를 벗어나 있고, 나는 그런 아리스를 으스러질 때까지 껴안으며 흑사병 묻은 키스를 있는 힘껏 주입한다. 마침내 사는 것보다 죽는 것이 더 행복할 만큼 곪아 버린 아리스는 *영원한 여름 빛깔의 꿈을 좇아*……윙크, 윙크, 윙크! 그럼에도 아리스의 눈동자는 여전히 이 세계를 벗어나 있고, 나는 새까맣게 마른 입술을 타로 밀크 버블티로 잠시 축인다. 이토록 달고 시원한 타로 밀크 버블티를 마시고 있노라면 아무 근심도, 걱정도 없었던 시절이 떠오르고 만다. 그 시절 내게는 아리스가 없었기에, 수컷과 교미하는 암컷 사마귀를 지포 라이터로 지지곤 했다. 그러므로 훗날, 나는 지옥에 떨어져 유황불에 튀겨질 테고, 노릇노릇 튀겨진 나는 그을린 사마귀 무리에게 영원히 뜯어 먹힐 것이다. 하지만 그거 알아? 그곳은 지옥이라는 이름의 끝내주는 천국이라는

사실을, 때문에 나는 천국에 다다를 그날을 손꼽아 기다리고 있다는 사실을. 하지만 지금의 내게는 ~~알보칠아나핑크젤리캣버니아니아리스아나카~~ 있기 때문에 타로 밀크 버블티를 있는 힘껏 빨아야만 한다. 독일에서 직수입한 포도당 사탕을 먹어야 하고 이따금 값비싼 수액을 맞아야 하고 주기적으로 고강도 인터벌 러닝을 해야 하고……

어느덧 이 세계로 완전히 돌아온 아리스가 곪은 제 살갗을 뜯어내 입에 욱여넣고는 *너무해, 잠깐 졸고 있던 나를 제대로 노렸구나!*

° 이탤릭체로 강조한 문장들은 마츠다 세이코가 부른 <연갈색 머메이드> 가사 중 일부다.

아내가 쏟아졌으면 좋겠다

 가는 비가 쏟아지는 일요일 오후였고, 감자칩 봉지를 뜯으며 주이는 무심코 중얼거렸다. "나에게 아내가 쏟아졌으면 좋겠다." 그러자 바삭하고 기름진 손길이 주이의 머리칼을 쓸어 넘겼다. 주이는 갓 태어난 새끼 고양이처럼 신음했고, 아내는 김이 모락모락 나는 완두콩 밥과 바글바글 끓는 두부 감자 된장찌개를 내왔다. 주이에게 손수 밥과 된장찌개를 떠먹여 주며, 아내는 고소하고도 짭짤한 목소리로 말했다. "솜씨 좋은 야쿠자처럼 그 새끼들의 살갗을 벗겨 내고, 근육을 해체하고, 마지막으로 뼈를 동강 내어 바다에 흩뿌렸으니 안심하라구!" 주이는 아내가 떠먹여 주는 그 새끼들의 살점과 뼛조각을 꿀꺽 삼키고는 해맑게 웃었다. 물론 순도 100퍼센트의 비극이 아내와 주이를 향해 데굴데굴 굴러오고 있었지만 "그런 것쯤 아무래도 상관없어!" 주이는 소리쳤다. 왜냐하면 이제 더는 행성의 지위를 박탈당한 명왕성처럼 우울하지 않을 테니까! 그런 주이를 예측할 수 없는 손길로 토닥이던 아내가 눅눅하게 젖은 목소리로 말했다. "아이를 간절히 원하던 어느 노부부가 있었습니다. 어느 추운 겨울날, 그들은 하얀 눈으로 아름다운 딸을 만들었고, 딸에게 스네구로치카라는 이름을 붙여 주었지요. 노부부는 스네구로치카를 끔찍이도 사랑했고, 때문에 스네구로치카가 불면 날아갈까 쥐면 꺼질까, 매분 매초를 고통 속에서 살았습니다." 주이의 눈이 차츰 감기기 시작했고, 그럴수록 아내의 목소리는 몰라볼 정도로 축축해졌다. "결국 스네구로치카는 노부부 몰래 집을 나와 친구들과 함께 숲으로 향했습니다. 소녀들은 주변의 나뭇가지를 모아 불을 피웠고, 불 위를 건너뛰며 사기 구슬이 부딪치듯 웃었습니다. 친구들처럼 웃고 싶었던 스네구로치카도 마침내 불 위를 폴짝! 건너뛰었는데"

주이는 소스라치게 놀라 눈을 떴다. 감자칩은 끔찍할 정도로 눅눅해져 있었고, 무지막지한 비가 아내처럼 쏟아지고 있었다.

육즙이 사방으로 터지는 낭독회

 오늘도 물루는 자신이 쓴 지루한 포르노 소설을 내가 읽어야 한다고 애원한다, 내가 A4 백 장 분량의 감상문을 써야 한다고 울부짖는다. 내가 고개를 가로젓자 "그럼 내가 직접 읽어 줄게." 목청을 가다듬은 물루가 갈라진 목소리로 낭독을 시작한다. "나는 애인의 불타는 주홍빛 골짜기를 바라보았고, 그 때문에 눈동자가 죄 닳아빠지고 말았다. 그러나 나에게는 아직 혓바닥이 남아 있으므로……"

 그런데 물루, 나는 어째서 이토록 비좁은 침대에 열십자로 못 박혀 있는 거야? 도대체 언제부터 나는 이렇게 못 박힌 거야, 물루? 칠판을 긁는 열 개의 손톱 같은 의문이 나를 자극하고 그런 나를 알아챈 물루가 "제발 집중해!" 모욕과 굴욕으로 새파랗게 질린 채 다시, 낭독을 시작한다.

 다음 날이 되고, 그다음 날이 되어도 끊길 줄 모르는 물루의 목소리에서 고기만두 냄새가 난다. 물루의 목소리를 고춧가루와 식초를 푼 간장에 콕, 찍어 우물거린 뒤 오물마냥 뱉을 수 있다면, 그럴 수만 있다면 더는 물루가 쓴 소설 따위 듣지 않아도 될 텐데! 생각하자마자 나는 온몸의 뼈와 근육과 살갗이 뜯기는 것쯤 아랑곳하지 않고 몸을 일으

킨다.

 너덜너덜해진 손목과 발목을 투신하기 직전 가지런히 정돈한 구두처럼 물루의 곁에 놓아두고 부엌을 향해 삐걱삐걱 기어간다. 이제 물루의 낭독은 다시없을 절정을 향해 기름지고 매끄럽게 치닫는 중이다.

 고춧가루와 식초와 간장이 놓여 있는 부엌까지 앞으로 약 2m, 조금만 더 힘을 내려는 찰나, 아주 또렷하고 사랑스러운 핏자국이 갓 태어난 병아리처럼 나를 쫓아오기 시작했다. 저 혼자 잘만 달아오른 물루의 목소리는 다행히 이를 알아차리지 못한 듯한데,

유통기한 지난 괴담

거울에 비친 나, 라고 생각했는데, 자세히 들여다보니 나는커녕 내 그림자조차 아닌 그것은 알아들을 수 없는 말을 반복적으로 지껄였다. 나 참, 도대체 어쩌다 이딴 걸 집 안으로 들인 거야? 낮에 받은 택배 상자에 묻어서 들어왔나? 사흘 전 다녀온 친구 장례식장에서 붙어 왔나? 생각이 꼬리에 꼬리를 물자 폭력적인 허기가 정수리부터 발가락까지 나를 두들겨 패기 시작했다. 찬장에는 유통기한 지난 사발면이 폼페이의 유물처럼 놓여 있었고, 육개장 사발면에 뜨거운 물을 붓고 있자니 "나는 지금 너의 집 앞에 와 있어!" "나는 지금 너의 뒤에 있어!" 목이 쉬어라 부르짖던 일주일 전의 메리 씨가 희랍비극의 한 장면처럼 부글거렸다.

#1. XX 원룸 406호 문 앞, 늦은 오후

나: 어서 돌아가! 안 그러면 경찰을 부를 테야!

메리 씨: (굳게 닫힌 문을 노려보며) 비엘 소설 구매하는 데 매년 백만 원이나 쓰는 짓은 모쪼록 그만두렴. 뭣보다 세피아 빛깔 과거에 행복하게 머무르고 있는 우릴 끄집어내어 네가 쓰는 소설에 좀비처럼 주르륵 늘어놓는 짓을 당

장……

 뭐? 내가 비엘 소설 구매하는 데 매년 백만 원을 쓴다고? 그럴 리가, 적어도 팔백만 원 이상은 쓴다고! 이제는 목소리조차 가물가물한 메리 씨한테 투덜거리기 무섭게 왈칵! 뜨거운 것이 발등에 쏟아졌다. 동시에 나는커녕 내 그림자조차 아니었던 그것이 내 등에 올라타는 것이 느껴졌고, 내가 고개를 돌리려는 바로 그 순간

 #2. 당신의 축축한 등 뒤, 이른 새벽

 메리 씨: 부두교에 따르면 좀비는 부두교의 사제 보커(bokor)가 인간에게서 영혼을 뽑아낸 존재이다. 보커에게 영혼을 붙잡힌 사람은 지성을 잃은 좀비가 되어 보커의 명령에 복종해야만 하며, 가끔씩 좀비가 정신을 차리는 경우가 있는데° 이 문서의 내용은 출처가 분명하지 않습니다.

° 좀비의 정의, 한국 위키백과에서 인용.

헬로키티 6공 다이어리

열여덟 살인 동시에 일흔여덟 살인 내가 교무실 천장에 매달려 목이 부러진 시체처럼 흔들렸다 "너 같은 모범생이 어째서!" 내게 소리치면 소리칠수록 입가가 찢어져 가는 선생님에게 담장에 핀 장미꽃 한 송이를 꺾어 내밀었지만 이미 귀밑까지 찢어진 선생님의 입가에서는 서른 개의 루머가 주르륵 떨어지고 있었다 "너 여자애랑 그렇고 그런 사이라며? 그래서 학교 그만두는 거라며?" "여자는 달린 것도 없는데 어떻게 섹스해?" 응 그래, 네들 인생 망가지는 꼴 내 눈으로 보기 전까지는 결코 죽을 수 없다, 중얼거리며 우유니 소금사막 같은 그 계집애가 나를 좋아한다고 말해 주길 바랐다 길고 딱딱한 비문학 지문 대신 희고 말랑말랑한 손목에 강약을 조절하며 밑줄을 그었지만 언제나 그랬듯 강약 조절에 실패했고 벌어진 살갗 사이로 팅커벨이 튀어나왔다 팅커벨은 귀엽고 왕성한 식욕을 자랑하며 내 몫의 사랑과 관심을 꿀떡꿀떡 먹어 치웠고 내가 팅커벨을 죽이기 위해 노력하는 사이 우유니 소금사막 같았던 그 계집애는 훌쩍 자라 남자 친구와 함께 롱 베케이션을 떠나 버렸다 나는 길가에 흩뿌려진 전단지처럼 나를 방치했고 저 명하신 의사 선생님은 오이 알레르기가 있는 내게 자꾸만 오이를 먹이며 "누구나 한 번쯤 앓는 병으로 엄살떨기는!"

물비린내 나는 웃음을 새파랗게 터뜨렸다 목구멍에 걸린 오이 조각을 빼내기 위해 화장실로 달려갈 때마다 엄마 아빠는 한숨 섞인 탄식을 쏟아 냈는데 그때마다 나는 두 분의 탄식을 성실히 닦아 드려야만 했고

 (왜 남의 노트를 훔쳐 가서 이상한 낙서 따위를 끄적이는 거야?)

 (이거 진짜 미친년이네? 사장님, 당장 경찰 불러요 경찰!)

 (너 내가 반드시 콩밥 먹게 해줄 테니 기대해라 알았지?)

놀라울 만큼 아무도 관심을 주지 않았다

 너의 매일은 고달프기 짝이 없습니다 왜냐하면 물엿같이 끈적거리는 자기혐오, 침처럼 방울방울 흐르는 자기 연민, 마지막으로 배꼽에 낀 때 같은 자기변명이라는 삼 형제를 있는 힘껏 돌봐야 하기 때문이죠

 답 없는 이 삼 형제는 머리, 가슴, 무릎 할 것 없이 깨지고 상처 입은 몸뚱이를 끌고 와서는 있는 힘껏 너를 두들겨 팹니다 곰팡이 핀 북어 대가리를 패는 것처럼 무척 신나게, 매우 힘차게!

 삼 형제가 너를 패는 이유요? 이유가 없다는 점이 바로 이유 아닐까요? 어때, 제법 만족스러운 답변이 되었어?

 너는 두들겨 맞는 게 참으로 기쁜 나머지 너무할 정도로 웃지요 너의 왼손에는 오직 삼 형제만을 위한 크림색 연고가, 완벽하게 잘리지 못한 죄수의 모가지에서 흐르는 핏물처럼 흐르고요

 너가 이러쿵저러쿵하는 사이, ▼와 ★에 푹 찔려 버린 세계가 마침내 울컥, 갈라졌습니다 갈라진 세계는 빈티지 바

비의 머리칼처럼 찬란하게 흩어지고 사람들은 총천연색 환호성을 지르며 뛸 듯이 기뻐하는데

   그 광경을 멍하니 바라보던 너는 "이토록 예쁜 내 것들도 봐주세요! 제발 봐달라고!" 품 안에 든 삼 형제를 있는 힘껏 흔들어 댔지만 그럴수록 삼 형제가 토해 내는 (자체 검열) (심의 준수) 것들만 정수리부터 발끝까지 뒤집어써야 했습니다

   그러다 문득, 너는 당신 혹은 당신들로 시작하는 문장을 쓴 적이 단 한 번도 없다는 사실을 기억해 내지만 그뿐입니다 아마도 너는 이 우주가 팽창하고 팽창하다가 결국 뻥! 터질 때까지 내내 그뿐일 테니, 이토록 어여쁜 너의 것들과 만수산 드렁칡처럼 얽혀 최상급으로 행복하게 살기를 진심으로 기원합니다

   티 없이 부드러운 사요나라, 짜이찌엔을 시나몬 슈거파우더와 함께 동봉합니다 시나몬 슈거파우더는 꼭 흑맥주 위에 얹으시길 바라며

하늘만큼 땅만큼 커다란

사랑을 메롱메롱메롱메롱메롱메롱메롱담아

메롱메롱메롱메롱메롱

메롱메롱메롱메롱

메롱메롱메롱

메롱메롱

메롱

이 이야기는 명백히 픽션이며,
등장하는 인물·사건 모두 가공된 것입니다

오영미
산문

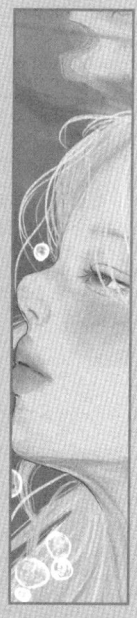

이 이야기는 명백히 픽션이며,
등장하는 인물·사건 모두 가공된 것입니다

1. 2021년 9월 2일에 저장된 글입니다

저는 ♥♡ 님의 시가 정말 좋아요! ♥♡ 님의 시는 뭐랄까, 시의 행간을 읽을 때마다 흰 무명천처럼 깨끗하고 정갈한 기분이 들고…… 할 수만 있다면 적당한 온도와 습도가 유지되는 안락한 방에 ♥♡ 님을 가두고 삼시 세끼 좋은 것 먹이면서 ♥♡ 님이 시만 쓰게 하고 싶다! 그러니까 계속 시를 써주세요. 나무늘보와 판다보다 더 느린 속도로 쓰셔도 되니까……

어째서 제 시 이야기로 갑자기 화제가 바뀌는 거죠? 제 시에 대해서는 솔직히 하고 싶은 말도 없고, 깊이 생각해본 적은 더더욱 없는데…… 이제 그만하세요. 제 시는 후후, 불면 구멍이 뚫리는 솜사탕처럼 달짝지근한 감상을 받을 주제가 못 되고, 무엇보다 이런 대화, 사실은 자기 손톱에 낀 때만큼의 관심도 없는 서로의 작품을 향해 의미 없는 칭찬을 핑퐁처럼 주고받는 그치들의 대화와 다를 바 없잖아요. 저는 그런 거 무지무지 싫어한단 말이에요. 정말이지……

에잇, 맥주나 한 캔 더 마실 거예요! 네? 이제 맥주 그만 마시라구요? 하지만 맥주는 저에게 생명수나 다름없는데…… 네네, 알겠습니다, 그럼 딱 두 캔만 더 마시고 그만 마실게요. 정말로 그만 마실 테니까…….

그런데요, 일전에 제가 이야기했던 사람, 혹시 기억하세요? 네. 맞아요. 제 첫 시집을 수도 없이 반복해서 읽었고 그때마다 눈물을 펑펑 흘렸고, 때문에 당신의 팬이 되었다고 저에게 장문의 디엠 보냈던, 바로 그 사람. 어쩌다 보니 그 사람과 사적으로 친해져서, 서로 편하게 언니, 동생 하는 사이로 지내게 되었는데……

지난주에 ♥♡ 님이 저한테 냉동 만두 세트 기프티콘 보내 주셨잖아요, 메시지 카드에는 '영미 님의 만두가 되겠습니다!'라고, 아주 귀여운 멘트도 써주시고 말이에요. 그래서 제가 기프티콘이랑 메시지 카드 캡처해서 인스타그램 스토리에 올리고는 ♥♡ 님 정말 너무 귀엽고 사랑스럽다고 온갖 호들갑이란 호들갑은 다 떨었죠 왜. 이 이야기를 뜬금없이 왜 했냐면, 잠깐만요, 제가 5분 후에 다시 전화 드릴게요……

죄송해요, 아랫집에 사는 인간들이 하도 난리법석을 떨어서, 잠깐 아랫집으로 내려가서 한마디 해주고 왔어요. 인간들이 어쩜 저렇게 양심이 없지? 한두 번도 아니고 벌써 몇 번째야?

어머나, 죄송해요! 아무튼 냉동 만두 세트 기프티콘 이야기를 갑자기 왜 꺼냈냐면…… 엊그제 그 친구가, 그러니까 제 열렬한 팬을 자처하는 그분께서, 자정이 훌쩍 넘은 시간에 뜬금없이 ♥♡ 님이 보내 주신 것보다 훨씬 더 비싸고 질 좋은 만두 세트 기프티콘을 보내 준 거예요. 그러고는

<그런데 언니, ♥♡ 님은 누구야?>
<그분도 시 쓰시더라 분명 아주 좋은 시를 쓰시겠지>
<그러니까 언니가 그분을 좋아하겠지? 그런데 언니>
<한 번도 나한테는 사랑스럽고 귀엽다는 말, 해준 적 없잖아>
<나 정말 열심히 시 쓸게 그러니까 나한테도>
<귀엽다고, 사랑스럽다고 말해 주면 안 돼?>

비엔나소시지처럼 줄줄이 메시지를 보내더라구요. 처음에는 너 타자 진짜 빠르게 친다, 네 속도를 전혀 못 따라가겠어, 짐짓 장난스러운 투로 답장을 보냈는데, 제 답장은 아랑곳하지도 않고 나 정말 서운하다, 나도 사랑받고 싶고 인정받고 싶다, 이런 말만 도돌이표처럼 끊임없이 반복하는 거 아니겠어요? 그래서 나 이제 잘 거니까 나중에 연락하자고 한 뒤 더는 답장 안 했어요.

제가 예민하고 유난인 걸 수도 있는데, 아니, 예민하고 유난이라고 해도 상관없어요. ♥♡ 님과 전혀 관계없는 사람이 제가 ♥♡ 님께 애정 어린 마음을 내비쳤다는 이유로 ♥♡ 님에 대해 집요하게 물어보는 것도 언짢고, 게다가 시, 그놈의 빌어먹을 시, 시, 시! 본인이 쓴 시에 어째서 그토록 집착하는 건지 모르겠어요! 정확히는 본인이 쓴 시

를 제가 읽고 감상을 들려주는 것에 어째서 그토록 집착을 하는지 모르겠다는 말이에요!

일주일 전이었나, 맙소사, 새벽 4시 반에 뜬금없이 전화가 와서는, 방금 자기가 시 한 편을 완성했는데 지금 당장 읽어 봐주면 안 되냐고 징징거리는 게 아니겠어요? 그것뿐만이 아니에요. 언니 말고는 아무도, 그 누구도 본인이 쓴 시 같은 거 읽어 주지 않는다, 그래서 종종 세상이 무너질 정도로 슬프고 왜 나는 이 따위에 불과한지 모르겠다 어쩌고저쩌고……

안 되겠다. 저 맥주 딱 한 캔만 더 마실게요, 입안이 바싹 마르고 목구멍이 따가워서, 얼음장처럼 차가운 맥주가 자꾸만 당겨요, 도무지 못 참겠어…… 아니 그런데 저 말이에요, 그 친구 이야기만 주구장창 늘어놓고 있네요…… 네? 시간이 벌써 그렇게 됐어요? 큰일 났다! ♥♡ 님 내일 출근하셔야 하는데! 죄송해요, 진짜, 정말, 너무너무 죄송해요, 그럼 마지막으로, 진짜 마지막으로 딱 한마디만 할게요!

♥♡ 님.

지금까지 제가 해드린 이야기, 그 누구에게도, 아무에게도 말하면 안 돼요? 절대로, 절대로 말씀하시면 안 돼요. 아시겠어요? 만약 지금까지 내가 한 이야기 중 한마디라도 누군가에게 말한다면, 그 순간 내가 ♥♡ 님에게 무슨 짓을 할지 나조차도 모르니까 말이야…… 라는 것은 물론 처절히 실패한 농담! 미안해요. ♥♡ 님이 시종일관 심각하게 반응하시는 것 같아서, 동시에 그런 ♥♡ 님이 참을 수 없이 귀여워서, 나도 모르게 골려 주고 싶었어요. 정말 그뿐이에요.

아무튼 죽은 듯이 푹 주무시길 바라요. 그리고 내일 또 즐겁게 이야기해요. :)

2. 2025년 2월 30일에 저장된 글입니다

내가 어디까지 이야기했더라? 아아 그렇지, 앞으로 나는 시 쓸 거라고 결연하게 다짐했던 스물다섯 살의 나를 만나게 된다면, 삼단 도시락 싸 들고 다니면서 말릴 거라고 했죠! 시 쓰면서 "나는 왜 시에 재능이 없지?" 머리 쥐어뜯으며 삽질과 우울을 반복할 시간에 아이돌 그룹 덕질이나 신나게 하고, 아이돌 그룹의 멤버들을 주인공으로 내세운 2차 창작 소설 동인지나 열심히 내고, 그 과정에서 만난 발랄한 여자애들과 아기자기한 우정이나 쌓으라고, 과거의 나여, 제발……

그런데 돌이켜 보면 그 여자애들, 딱히 발랄하지도 않았어요.

내가 쓴 글을 읽어 줘, 읽고 난 뒤에는 A4 분량 열 장은 족히 넘는 감상을 써줘, 나란 사람을 끊임없이 궁금해하는 동시에 정성을 다해 해석해 줘, 그 무엇으로도 대체할 수

없는 특별한 존재로 여겨 줘, 무엇보다 나 외에 다른 여자애하고 절대로 친하게 지내지 마

 라고, 눈물을 글썽이며 수줍게, 때로는 무섭도록 앙칼지게 말하는 여자애들이 발랄할 리가 없잖아요! 말도 안 돼!
 그럼에도 나는, 전혀 발랄하지 않은 그 여자애들을 미친 듯이 사랑했어. 동시에 그 여자애들에게 미친 듯이 사랑받고 싶었어. 그래서 그 여자애들이 쓴 글을 온 마음을 다해 읽어 주는 동시에 그 여자애들이 좋아할 만한 글을 쓰기 위해 정말이지 부단히도 노력했단 말이에요. 내가 소진되기 직전까지, 어쩌면 완전히 연소되기 직전까지. 그놈의 사랑이 뭐라고, 그놈의 인정이 뭐라고.
 어차피 그 여자애들, 이제 더는 애도 아니고, 아이돌 그룹을 좋아하지도 않고, 아이돌 그룹을 좋아하고 2차 창작을 하고 서로에게 오직 서로만 있다는 듯이 굴었던 과거는 아예 기억조차 하지 못하고, 무엇보다 결혼해서 아이 낳고 잘 살고 있는데…… 아니, 어쩌다 이야기가 여기까지 새고만 거지? 죄송합니다. 고작 맥주 여섯 캔 마신 주제에 답 없는 주정뱅이처럼 굴고 있네요.
 아무튼 요즘의 제 일상은, 프라푸치노 위에 얹어진 휘핑크림처럼 대체적으로 몽글몽글해요. 그러다 문득 <삐리리 불어 봐 재규어>의 주인공 재규어처럼 "사는 게 정말 즐거워서 미치겠네!" 중얼거리는 순간, 몽글몽글하기 짝이 없었던 일상이 처참하게 일그러지고 마는 거예요. 일그러진 일상 사이로 오직 나만이 알아볼 수 있는 작은 균열이 생기고, 나는 그 균열 사이로 후루룩, 빨려 들어가죠.

빨려 들어간 나는…… 그만 텅 비어 버리고 말아요. 문자 그대로 정말 텅, 비어 버린단 말이에요. 물론 언제까지 그런 상태로 지낼 수는 없으니까, 다시금 나를 가득 채우기 위해 온갖 노력을 기울이기는 합니다. 바로 지금처럼, 소설도 아니고 에세이도 아니고 그렇다고 시는 더더욱 아닌 무언가를 타이핑한다던가, 단식과 폭식과 고강도 유산소 운동을 반복하며 체중계 숫자에 집착한다거나, 조금 무리해서 사람들을 만나고는 바로 후회한다던가…… 이런 이야기 재미없고 지리멸렬하기만 하니까 이쯤에서 그만할게요.

갑자기 생각난 건데, 장승리 시인의 「말」이라는 시에 이런 구절이 있잖아요, 왜. "정확하게 사랑받고 싶었어" 아, 그럼요. 저도 잘 알고 있어요. 정확하게 사랑받는 거, 결코 있을 수 없는 일이라는 거. 그런 거, 부질없는 허상이자 결코 도달할 수 없는 환상에 불과하다는 거.

그런데 말이에요. 그 부질없는 허상과 도달할 수 없는 환상이 내 삶을 지탱해 준 전부였고, 사실 지금도 나의 전부라고 말한다면, 당신은 나를 비웃을 테죠? 그 허상과 환상을 쫓느라 인생 대부분을 허비한 나머지 여전히 나잇값도 못 하며 살고 있는 주제에 잘도, 라고 말하며 연민과 한심함이 적절히 뒤섞인 시선으로 나를 쏘아볼 테죠? 하지만 애당초 나잇값이란 게 도대체 뭔데? 나이에 값이 있다니,

전혀 이해할 수도 없고 이해하고 싶지도 않단 말이야……이런 거 생각하면 할수록 머리만 아프니까, 일곱 캔째 맥주를 마시도록 할게요!

아, 어떡하면 좋지? 슬슬 눈이 감기고, 아랫배 통증이 너무 심해서 죽을 것만 같아요. 무엇보다 이제 더는 당신에게 할 말이 없어요. 정확히는 당신이 흥미로움과 역겨움을 동시에 느낄 만한 화두를 꺼낼 체력이 없어요. 그렇지만 당신과 대화하는 걸 멈추고 싶지는 않은데……

그렇지, 저 방금 노트북 문서 폴더에 저장된 한글 파일 중 하나를 무심코 클릭했거든요? 세상에, 이게 뭔 줄 아세요? 무려 십 년 전에 썼던 로맨스 소설 원고예요! 그 당시 웹소설 공모전에 내려고 나름 야심 차게 쓰다가 결국 마감일을 못 맞춰서 미완성으로 남은 소설인데, 지금 다시 읽어 보니 참 가관이네요. 제가 한 단락 읽어 드릴 테니 한 번 들어 보세요.

참, 소설에 대한 감상은 필요 없어요. 물론 주신다면 너무나도 감사하고 기쁘겠지만요.

너는 나에게 너만의 방식으로 아프고 아픈 상처를 남겼지만 나 또한 너에게 돌이킬 수 없는 상처를 입히고 말았다. 사랑해서 그랬어, 네가 너무 소중해서 그랬어, 라는 허울 좋은 예쁜 말들 속에 우리는 얼마나 끔찍한 비수를 숨기고 있었던가.

"아파. 너무 아파. 아파서 죽을 것만 같아."

나는 중얼거렸다. 하릴없이, 계속해서 중얼거렸다. 그것 말고는 달리할 수 있는 게

……여보세요? 어머, 어떡해. 전화 끊으셨나 봐. 아니면 나를 영영 차단하신 건가?

타이피스트 시인선 010
모두가 예쁜 비치

1판 1쇄	2025년 7월 30일
지은이	오영미
펴낸곳	타이피스트
펴낸이	박은정
편집	박은정
디자인	코끼리
출판등록	제2022-000083호
전자우편	typistpress22@gmail.com
ISBN	979-11-989173-6-2

ⓒ 오영미, 2025.

° 책값은 뒤표지에 있습니다.
° 파본은 구입처에서 교환해 드립니다.
° 이 도서의 판권은 지은이와 출판사 타이피스트에 있습니다.
  양측의 서면 동의 없이 책 내용의 전부 혹은 일부의 재사용을 금합니다.